国家出版基金项目
NATIONAL PUBLICATION FOUNDATION
"十二五"国家重点图书出版规划项目

主编 林秀梅

泰国社会文化与投资环境

TAIGUO SHEHUI WENHUA YU TOUZI HUANJING

《社会文化与投资环境》系列丛书 广东国际战略研究院 组编

《究》第一辑

中国出版集团
世界图书出版公司

图书在版编目（CIP）数据

泰国社会文化与投资环境 / 林秀梅主编. —广州：
世界图书出版广东有限公司，2012.11
ISBN 978-7-5100-5295-8

Ⅰ．①泰…　Ⅱ.①林…　Ⅲ．①泰国—概况
②投资环境—概况—泰国　Ⅳ.①K933.6 ②F133.6

中国版本图书馆CIP数据核字（2012）第228966号

泰国社会文化与投资环境

项目策划：陈　岩

项目负责：卢家彬　刘正武

责任编辑：程　静

出版发行：世界图书出版有限公司　世界图书出版广东有限公司
（广州市海珠区新港西路大江冲25号　邮编：510300）

电　话：020-84451969　84459539

网　址：http://www.gdst.com.cn

邮　箱：wpc_gdst@163.com

经　销：各地新华书店

印　刷：广东虎彩云印刷有限公司

版　次：2014年2月第2版　2021年6月第6次印刷

开　本：880mm×1230mm　1/32

印　张：5.625

ISBN 978-7-5100-5295-8/K·0146

定　价：22.00元

版权所有　侵权必究

《东南亚研究》第一辑

主　编：隋广军
副主编：李　青　刘继森

《东南亚社会文化与投资环境》系列丛书

编委会主任：隋广军
编委会副主任：李　青　刘继森
编委会成员：隋广军　徐真华　孔庆山　李小元
　　　　　　李轩志　林秀梅　李　青　林明华
　　　　　　刘继森　吴杰伟　张　哲　杨韶刚
　　　　　　常永胜　梁立俊　蔡金城

总　序

　　东盟是中国的近邻，与中国政治、外交关系密切，经贸往来十分频繁，中国与东盟的经贸合作意义重大。2010年中国—东盟自由贸易区启动，彼此的重要性以及经济上的互相影响更为凸显。广东地处南粤，与东盟各国或一衣带水，或山水相连，历史上商贸往来密切——下南洋曾经是广东人特有的"地理大发现"。随着广东经济增长模式转型和对外贸易方式转变，借自由贸易之利，全面强化、提升与东盟的经贸关系对广东未来经济发展至关重要。正是由于上述原因，东盟始终是广东国际战略研究院关注的重点。

　　近年广东国际战略研究院陆续推出了一系列有影响力的研究成果，或为政府战略决策提供依据，或为商界开拓市场提供参考。这套《东南亚社会文化与投资环境》系列丛书是研究院近期推出的又一力作。其主旨在于为政府及相关人员提供一套关于东盟政治、经济、文化的参考文献，供他们放在案头随时备查；特别是为有意投资东盟十国的商家、企业提供可靠的信息，作为走入东盟的路径指南；也为其他对东盟感兴趣的人士提供权威且全面的经典之作。

　　这套丛书分为十本，每本按国别独立成册。丛书各分册在体例编排上基本相同，主要内容虽各有侧重，但均以一国之经济为核心，涵盖以下几个方面：一、经济状况。描述该国经济发展、变革的历史过程，解读其经济体制的现状及未来趋势，汇总经济发展水平的各项指标，并对其经济发展进行简单评价。二、产业特点。介绍其资源禀赋的优劣势，归纳分析产业布局重点和特点，简要分析产业发展趋势以及与中国产业结构的异同。三、财政金融。介绍其财政、金融组织架构，分析财政、金融政策的特点，介绍融资市场规模及其影响力等，发掘与中国相关金融政策对接的可能性。四、商业机会。根据其资源特点和政策导向以及产业结构的现状，结合中国企业的对外投资优势，介绍潜在的投资领域和行业。除了上述内容之外，书中也概括地介绍该国的政治、文化、教育、风物以及外交情况，其中与中国的往来关系更是必备内容。书中附录收集该国的法律法规、政策指南以及政府、商业和企业信息，以备读者查阅。

我们力求使本丛书具备以下几个特点。一、求真。这是一套通识类读物，意在让读者一册在手，所需真实信息尽收眼底。二、求新。我们力求使用最新的资料，并向读者提供获得最新信息，或更新资料的渠道。三、求精。我们在编纂过程中通过精心安排结构，精心取舍材料和提炼观点，最大限度地让读者在获得通识的基础上取精用宏，满足他们更高层次的阅读要求。四、求实。我们在简洁的分析和解读的基础上，努力追求"工具化"的目标，通过覆盖面最广的资料和数据，使其具有工具书一样的功能。当然摆在读者面前的这套丛书距此理想仍有差距，希望读者多多批评指正。

这套丛书从筹划到正式出版历时近两年，该丛书的出版是许多人共同努力的结果。感谢中国出版集团、世界图书出版公司在本书出版过程中的支持和帮助；感谢北京大学、北京外国语大学、广东外语外贸大学各个语种的专家教授以及参与编撰的所有作者，正是他们的辛苦付出和鼎力支持成就了这套丛书。最后特别要感谢广东外语外贸大学非通用语种教学与研究中心主任林秀梅教授，她为丛书的出版做出了大量重要和无私的贡献。

2012年10月1日

前　言

随着中国与东盟之间交流与合作的深化，中国—东盟自由贸易区正在成为世界上最具活力和发展潜力的区域。东盟各国已成为中国企业"走出去"的首选地之一。泰国作为东南亚国家联盟的创始国之一，在东盟10国中占有十分重要的地位，对周边国家具有很强的辐射性作用。

泰国是中南半岛上的一个美丽的国家，旅游资源丰富，自然风光迷人，文化遗产丰厚，民族风情异彩纷呈，被人们称为"亚洲最具异国风情的国家"，每年吸引着上百万的中国游客前往观光旅游。有人说，在东南亚旅游，泰国是真正的目的地：僧侣的橙色长袍、美食中的咖喱辛香、废墟上的落日、城市外的少数民族村寨、满谷满坑的各种水果……都耐人回味。

泰国的历史丰富而漫长，盛衰起伏，命运跌宕。泰国的文化，拥有东西方文明的完美融合，泰国本身也以很好的状态跨入近代，并始终保持自己的独立和统一，以自己的方式傲立世界。

不论是到泰国投资还是到泰国旅游，人们在与不同社会文化的人进行交际时发现，最大障碍不是语言，而是文化。因为不懂一个民族的文化，就不懂这个民族的人民。

为了让读者较全面地认识泰国社会，理解泰国人，缩短中国读者与泰国文化的现实距离，我们编写了《泰国社会文化与投资环境》一书。书中尽我们所能，详尽介绍了泰国的历史演变、地理环境、社会经济、教育出版、投资环境，以及泰国先后受到印度的婆罗门教、佛教的影响，并结合当地原始信仰后形成的特有的多元文化等，让读者犹如亲身接触到泰国的历史遗迹和社会现状，了解泰国经济发展的趋势和投资环境，领略佛教文化在泰国的重要地位，切切实实感受到：这就是泰国。希望该书能成为读者的知识之友，为企业"走出去"投资泰国提供便利。

参与编写本书的有：吴圣扬、黄进炎、罗奕原、廖宇夫、林秀梅。吴圣扬和黄进炎负责撰写了第一章，其中政治部分由黄进炎执笔，其他由吴圣扬执笔；罗奕原撰写了第二章、第四章；廖宇夫撰写了第五章；林秀梅负责第三章及全书的统稿。

由于编者能力和时间都有限，书中恐有错漏，还望读者方家一一指正。

编者

2012年3月

目
Contents
录

目
Contents
录

第一章
国家概述

本章导读

☆泰国（Thailand），全称泰王国（Kingdom of Thailand），位于中南半岛中部。1949年后，国名由暹罗改为泰国，意为"自由之国"。"泰"也是泰国主体民族的名称，其语言泰语是泰国的官方语言，属壮侗语系侗台语族。泰国国土面积与中国四川省相当，全国划分为77个府。属热带季风气候，全年分热季、雨季和旱季。中部的湄南河流域是富饶的大平原，是泰国人民的主要居住地。首都曼谷是亚洲仅次于东京的第二大商业城市。旅游业发展迅速，历史名城清迈、素可泰、大城等遗留许多与宗教相关的著名的人文景观，华欣、普吉、芭堤雅、阁沙梅岛等多个海滨城市、岛屿也是吸引国内外游客的旅游胜地。

第一节 国家象征

一、国旗

泰国国旗是一面三色旗，由红—白—蓝—白—红五条横带组成。红色代表民族和象征各族人民的力量与献身精神。泰国宗教信仰以佛教为主，白色代表宗教，象征宗教的纯洁。泰国是君主立宪政体国家，国王是至高无上的，蓝色代表王室。蓝色居中象征王室在各族人民和纯洁的宗教之中。

泰国国旗

二、国徽

泰国国徽是一只呈人身鸟翅形态的迦鲁达（Garuda），它是印度教中三大主神之一的保护神毗湿奴的坐骑。泰国的许多政府机构部门都将迦鲁达运用到他们的徽章上。此外，迦鲁达还象征着"受皇室任命、指派"的意思，对于那些获得杰出经济成就或在慈善事业方面成绩显著的公司机构，此标志表示是受皇室正式批准的。但颁发这样的标志的情况是很少的，这将被视为一种崇高的荣誉。

泰国国徽

三、国花与国树

泰国国花是金链花。

金链花为阿勃勒树的花，呈黄色。泰国金链花在旱季开放，尤其每年的2—5月，整棵树便开满一串串瀑布般的黄花。5—6月，当花朵渐渐凋零时，树上便结满长串的深黑色种子荚。金链花因其美观鲜艳的颜色与黄袍佛国对黄色的崇拜契合，受到泰国人的喜爱，于2001年被确立为国花。

泰国国花——金链花

泰国国树是阿勃勒树。

阿勃勒树，又名金急雨、黄金雨、波斯皂荚、婆罗门皂荚、长果子树、腊肠树、牛角树、猪肠豆等，是一种苏木亚科的植物。阿勃勒树在泰国各地都有种植，特别在北部和东北部很普遍。泰人认为阿勃勒树是吉祥树，自古以来，其树枝、叶就被泰人运用在各种重要的仪式上，如立国柱仪式，用于制作国王

泰国国树——阿勃勒树

的权杖、军旗杆的顶部、公务员的肩章图案。因此早在1963年，阿勃勒树就被确立为国树。

四、国兽

泰国国兽是大象。

古代暹罗国（今泰国）盛产大象，象在泰人生产生活中充当重要角色，平时用于劳动，战时充当将士的坐骑，是古代象战中不可或缺的武装力量。象成为国家实力和权力的象征符号。例如，曼谷王朝二世王至六世王期间，大象是暹罗的国家象征，国旗为红底白象旗；大象是泰国皇家海军的徽志；国防

部的部徽也与大象有关,是一个象鼻狮身的神话动物；国王为建立功勋者颁发白象勋章等。如今，大象渐渐远离人们的生产生活，但在泰北山区和边远农村仍有一定程度的保留，如在山里拉砍伐下来的木段、运载货物等。在城市中则主要作为保护动物供人参观,或在旅游业中发挥一些作用，如表演大象拔河、大象踩人，供游人坐骑等。现在泰国人把象视为吉祥之物，尊为国宝，并于2001年将大象定为国兽。

第二节　地理与气候

一、地理

泰国位于中南半岛中部，南临泰国湾和安达曼海，东部和东北部分别与柬埔寨和老挝相邻，西部及西北部与缅甸交界，南部疆域跨过克拉地峡向南延伸至马来半岛，与马来西亚相接壤。全国总面积约51.3万平方公里，与中国的四川省相当。领土从形状上看可分两部分，上半部分宽大，占国土面积的大部分；下半部分细长，整个版图形如大象头。

泰国的最宽处从北碧府的双卡拉武里县到乌汶府的披汶曼沙寒县，宽约750公里。最窄处在巴蜀府的巴蜀县，从西边的缅泰边境到东边的暹罗湾畔，宽仅10.6公里。最长处从北部清莱府的夜柿县到南部惹拉府的巴东县，总长1,620公里。

泰国南部是马来半岛的一部分。最窄处在泰国的克拉地峡，长64公里，位于春蓬府的朗宣县与拉农府的拉农县之间。泰国政府曾有意在此开挖运河，作为与马六甲运河平行的海上运输通道，借以促进南部的经济发展。

泰国地势北高南低，西、北、南三面是山地，东北为高原。全国分为5个部分：北部和西部山区，东北部高原地区，中部平原地区，东南沿海地区和南部半岛地区。

中部为冲积平原，是泰国最大的平原，富饶的鱼米之乡。中部平原的上半部分在那空沙旺府以北，地形为洼地、丘陵地带，下半部分包括那空沙旺府以南至泰国湾的一些府，为湄南河及其支流的冲积平原。湄南河水量充沛，是中部平原的大动脉。那空沙旺府的波澜碧湖是有名的淡水湖。

北部山脉与山谷平原相间。泰国的最高峰因他暖峰高2,565米，在清迈市。北部山脉起到分水岭的作用，滨河、旺河、永河、难河是北部的主要河流，河流经的地方多为狭窄的山谷平原。帕夭湖为天然湖泊，是北部最大的湖，面积19平方公里。

东北为海拔在120~400米之间的高原，地势朝东南部方向倾斜。东北的山脉不像北部山脉那样高，且山顶多为平地。东北的河流，主要有蒙河、锡河，在乌汶府交汇后流入湄公河。沙功那空湖是东北有名的淡水湖，面积80平方公里，为泰国最大湖泊。另一湖泊军帕瓦彼湖在乌隆府，面积17平方公里。

东部地形为洼地平原和沿海平原，中间有山脉分隔开来，巴真武里河、挽巴公河注入泰国湾。东部中间部分是占特武里山脉，山脉南面分布着沿海平原。海边沙滩风景美丽，近岸小岛很多，较大的有象岛和谷岛，其中象岛为泰国第三大岛。

西部地区高山耸立，狭窄的山谷平原夹杂其间，碧武里、巴蜀府则临海。西部的山脉系北部山脉延伸而来，主要的河流有梅河、大桂河和小桂河。大小桂河流经狭窄山谷在北碧府北碧县交汇为夜功河，注入泰国湾。

南部地形以高山为主，山脉从北到南纵贯南部半岛，泰国湾畔与安达曼湾畔为沿海平原。东西海岸地形差异较大。东海岸宽阔，海滩多，水浅，岛屿不太多，以阁沙梅岛较大。西海岸狭窄，海滩少，岛屿多，主要岛屿有普吉岛和阁达鲁道岛。攀牙湾位于普吉岛与攀牙府甲米府海边之间，风景怡人。在众多岛屿中，普吉岛为泰国最大岛屿，面积达513平方公里，阁沙梅岛是第二大岛，面积234平方公里。南部的宋卡湖，水质稍咸，面积187平方公里，是泰国最大的咸水湖。湖的北面有水道与海湾相连，湖中有许多小岛，风景优美。

泰国水系十分发达，但水流量的季节差别很大。雨季流量很大，造成河水泛滥；旱季则水位大降，有些河流甚至干涸。江河作为泰国重要的水资源，不但有利农业生产，也为交通运输、渔业生产和水力发电提供了方便和条件。泰国最重要的河流是湄南河和湄公河。

湄南河亦称"昭披耶河"，长1,352公里，流域面积约为泰国面积的1/3。湄南河发源于泰国北部山区，向南注入泰国湾，那空沙旺是上下游的分界处。上游的滨河、旺河、永河、难河和下游的巴塞河是湄南河的主要支流。湄南河及其支流的季节性泛滥，冲积形成了富饶的中部大平原，是泰国人民的主要居住地。

湄公河是东南亚地区最长的河流之一，发源于中国青海，在中国境内叫澜沧江，流经老挝、缅甸、泰国、柬埔寨、越南等国，最后注入太平洋。湄公河作为老挝和泰国的界河段长度为976.3公里。泰国的荣河、颂堪河是湄公河的重要支流，常常旱季干涸见底，汛期河水泛滥。

二、气候

泰国气候湿热，地区差别与季节变化不大，属热带季风气候，季风交替明显，南部半岛属热带雨林气候。全国最高气温出现在4月，平均气温35℃~38℃。季节基本上分三季，5月中旬至10月中旬为雨季，11月中旬至次年2月中旬为旱季，2月中旬至5月中旬为热季。由于纬度高低、距海远近、季风、热带风暴和地形等因素的影响，泰国各地气候有所区别。

中部平原三面环山（北、东、西），向泰国湾敞开，夏季与冬季的温差比其他地区小。越往内地，夏季与冬季的温差越大。如曼谷4月平均气温为29.6℃，12月为25.6℃，而那空沙旺府4月平均气温为31.9℃，12月为25.2℃。降雨量中等，雨量多少与距海远近有关。曼谷全年降雨总量1,458毫米，那空沙旺府则为1,141毫米。

北部总体气温低于中部，因其地形为山地，平原地区海拔也比中部高。如清迈4月平均气温28.4℃，1月为20.1℃。北部清莱曾经出现的最低气温为1.5℃。降雨量与中部相当，全年总降雨量1,260毫米，清莱府可达1,801毫米。

东北部呵叻高原的夏季与冬季的温差像北部一样大，因其地形为高原且远离海洋。孔敬府4月平均气温30.2℃，1月份为23.2℃。冬季有些地方温度下降特别多，如莱府被称为泰国最冷的府，曾录得泰国的最低气温记录0.1℃。

东北部的降雨量与中、北部相当。但从本区域内部来看，东部与西部有点不同。如乌汶府、那空拍侬府和莫拉限府的降雨量要多于孔敬府、呵叻府和猜也奔府，因为东北的降雨来自东面海洋吹来的热带风暴，经过越南、老挝来到泰国后势力减弱许多。东部离湄公河近的府比内陆降雨多。那空拍侬府全年降雨量为2,279毫米，呵叻府为1,137毫米。

东部由于近海，夏季和冬季的温差不大，年平均气温均在26℃~29℃。各府降雨量有高有低，哒叻府年降雨量为4,764毫米，是泰国降雨最多的地方。

西部的温差较大，来兴府远离大海，4月平均气温31.8℃，

12月为23.3℃；巴蜀府离海较近，受海洋影响，冬夏温差小，4月平均气温29.1℃，1月为25.2℃。特农通差山脉、达脑悉山脉纵贯南北，阻挡西南季风和孟加拉湾刮来的风暴，西部多数地方处于背风坡，降水量为国内最少，低至年降雨量1,000毫米左右。

南部半岛地区全年各月温差小，冬夏不明显，因为地形为狭长半岛，海洋对气温的影响很大。如宋卡府4月气温平均为28.7℃，12月为26.6℃。各府降雨量都大，全年均超过2,000毫米。

第三节 民族与人口

泰国是一个由30多个民族组成的多民族国家，其中泰族占人口总数的40%，佬族占35%，华人占15%，马来族占3.5%，高棉族占2%，此外还有苗、瑶、桂、汶、克伦、掸等山地民族。在南部马来半岛地区还有少数塞芒人和沙盖人。截至2007年，泰国总人口约6,724万，平均密度为每平方公里131人。

泰族散布在全国各地，但聚居最稠密的地区是湄南河及其支流的河谷。泰族的起源在学术上存在较大的争议。有学者认为泰族起源于中国南方，后向南迁徙；也有人认为泰族起源于印度尼西亚半岛，后向北迁入泰国湄南河流域。不论泰族发源于哪里，历史上曾经一直在迁徙。自古以来，泰族与中国，特别是中国南方有着密切的关系。1939年以前，泰族被称为"暹罗族"，现在统称泰族。泰族与我国傣族、壮族，缅甸掸族以及老挝的寮人在语言上同属汉藏语系壮侗语族。

佬族分布在北部及呵叻高原，直到老挝边境。高棉族分布在东部边境。马来族分布在南部马来半岛的沙敦、北大年、惹拉和陶公四府，在曼谷和东南部一带也有一些，但数量不多。马来族以马来语为母语，信奉伊斯兰教，穿马来族服饰。

华裔泰人是华侨和华裔在泰国繁衍的后代，多数人居住在首都和各个中小城市中，教育程度较高，任职于工商业、文化科技部门和政府机构的较多。泰国华人与当地融合同化的程度在东南亚居于首位，普遍与泰人通婚，信奉当地的小乘佛教，也有较高程度的政治认同。有些华人家庭仍然保持自己的文化习俗，参拜华人寺庙，信奉大乘佛教。

第四节　行政区域与主要城市

一、行政区域

泰国垂直行政体系自中央政府以下依次为府、县、区、村，另外还有直辖市和一些自治市镇。自治地方行政单位主要设立在民众集中居住的城市地区。

府（Changwat）是最大的地方行政单位，由中央政府直接管辖，泰国共有77个府。地方行政长官称为"府尹"，由内务部任命。府有议会，议员经直接选举产生，每届任期5年。议会的职能是制定地方性法规，监督本府的行政工作等。

县（Amphur）隶属于府，是中央政府的派出机关。县长由内务部直接任命，在府尹的领导下处理本县事务。

曼谷玉佛寺

区（Tambon）隶属于县，管辖10个左右的行政村。区长由村长会议选举产生，区委员会每5年选举一次，负责向区长提供咨询。

村（Muban）是最基层的行政单位。村长由全体村民直接选举产生，无固定任期，只要得到村民的支持就可以长期担任。

自治市（Tesaban），泰国在一些大的居民区实行自治市制度，根据规模与人口分为中央直辖市、大自治市（都市级）、中自治市（镇级）、小自治市（区级）和自治镇。此外，芭堤雅是唯一的旅游特别行政区。

（一）中部

泰国中部有22个府：曼谷、素可泰府、彭世洛府、甘烹碧府、披集府、碧差汶府、那空沙旺府（北榄坡府）、素攀府、北榄府（沙没巴干府）、龙仔厝府（沙没沙空府）、沙没颂堪府（夜功府）、那空那育府（坤西育）、暖武里府、巴吞他尼府、阿瑜陀耶府（大城府）、北标、华富里府、红统府、信武里府、猜纳府、乌泰他尼府、佛统府。

（二）北部

泰国北部有9个府：清迈府、清莱府、夜丰颂府、乌达腊迪府（程逸府）、帕夭府、南邦府、南奔府、难府、帕府。

（三）西部

泰国西部有5个府：达府（来兴府）、北碧府、碧武里府（佛丕府）、叻丕府（叻武里府）、巴蜀府。

（四）东部

泰国东部有7个府：春武里府、罗勇府、达叻府、庄他武里府（尖竹汶府）、巴真武里府、北柳府、沙缴府。

（五）东北部

泰国东北部有20个府：安纳乍仑府、武里南府、猜也蓬府、加拉信府、孔敬府、莱府、玛哈沙拉堪府、莫拉限府、那空帕侬府、呵叻府、廊开府、崩甘府、农磨喃普府、黎逸府、沙功那空府、四色菊府、素辇府、乌汶府、乌隆府、也梭吞府。

（六）南部

泰国南部有14个府：春蓬府、甲米府、那空是贪玛叻府（洛坤府）、那拉提瓦府（陶公府）、北大年府、攀牙府、普吉府、拉廊府、沙敦府、博他仑府、宋卡府、素叻他尼府（万伦府）、董里府、惹拉府。

二、主要城市

（一）曼谷

曼谷市是泰王国的首都，是全国政治、经济、文化和交通的中心，是唯一的中央直辖市，位于中部平原湄南河三角洲，湄南河穿城而过。曼谷原本是个渔村，在大城王朝时期，海上贸易大发展，

曼谷风光

在今天曼谷的西岸吞武里停泊着来自各国的商船，由于这里的地势四周较低，中间较高，状如岛屿，因而附近居民叫它"滨高"，这就是"曼谷"音译名的来源。1557年这个地方被赐名为"吞武里西马哈萨穆"，简称"吞武里"。到了吞武里王朝时期，这里又被建成京都。1782年曼谷王朝建立，在吞武里东岸另建新都，命名大仙都。19世纪末，在西方文化科学的影响下，京都开始现代化都市的建设。1978年，泰国当局把河西岸吞武里并入首都，扩大了首都的面积。

曼谷城市繁荣，工商业发达，是亚洲仅次于东京的第二大商业城市，也是东南亚地区航空、公路、铁路、水路最重要的交通枢纽之一。有黄金大地之称的曼谷新机场Suvarnabhumi Airport 2006年启用，客运大楼有563,000平方米。购物场所多种多样，游客可在周末市场、夜市、水上市场、仓储超市、街边等购买物美价廉的纪念品，也可以在高档购物场所SIAM PARAGON、EMPORIUM、SIAM CENTER、SIAM DISCOVERY、MBK等大型综合性购物商城购买价格优惠的名牌服饰。

曼谷市内有不少大学、国家图书馆和博物馆，400多座寺庙，还有现代化的影剧院和娱乐场所。据2010年统计，曼谷注册人口超过800万，占泰国全国人口的1/8。

曼谷海拔1.5~1.8米，每年雨季，湄南河河水泛滥，造成交通堵塞。以前曼谷河渠纵横，有"东方威尼斯"之称。现在很多河渠已被填平，变成宽阔的马路，河水泛滥难以排泄。

曼谷自然风景优美，人文特色突出，是世界闻名的旅游城市。市内有很多名胜古迹。如大皇宫，宫内有很多具有民族特色的雄伟宫殿，其中尤以切克里宫殿最为别致，它是一座泰西混合式建筑，其主体部分是维多利亚式的，而屋顶是泰国民族形式的三尖顶屋顶。此外市内的大小寺庙，十分壮观。佛殿、佛堂、佛塔等寺内建筑造型秀奇、华丽。佛寺中玉佛寺最负盛名，寺内供奉着国宝玉佛，高24英寸（60.96厘米），是由整块碧玉雕成的。

（二）阿瑜陀耶（大城）

阿瑜陀耶位于中部平原，地理位置优越，曾经是阿瑜陀耶王朝（1350—1767年）的京都，有33个国王相继在这里登基继位。在这400多年的历史中，这里曾两次被邻国缅甸侵占，尤其是第二次，被焚毁成一片废墟。残存下来的佛寺、佛殿很多，如帕难丘寺、帕蒙空波碧佛殿等。城对岸东南方向的帕难丘寺中供有泰国最大最古老的灰塑佛像，叫"帕昭帕难丘佛"（亦叫"銮颇多佛"）。其两髌之间的距离有20.17米，据说塑于1324年。帕蒙空波碧佛殿毁于大城王朝第二次被缅甸侵占时。在城西不远处，有一佛塔叫"西素丽玉泰塔"，建于16世纪中叶，是为了纪念当时一位王后舍身救国王而建立的。1991年，阿瑜陀耶被联合国教科文组织指定为世界文化遗产。

曼谷王朝四世王和五世王在阿瑜陀耶兴建了一些行宫。最享盛名的行宫要数邦巴茵宫了，宫建岛上，岛名叫"邦巴茵岛"。宫内建筑有泰国式、缅甸式、中国式、意大利文艺复兴时代形式及英国维多利亚式等，富丽堂皇，古色古香。其中最引人注目的是一座水上皇亭，为泰国民族建筑代表形式之一。

位于挽西县由西丽吉王后资助的手工艺训练中心，面积约456,000平方米，是制造各种手工艺品的职业训练中心，如雕刻，编织染织布，制篮子，木偶、家具、人造花等等，环境优美。

（三）清迈

泰北名城清迈是唯一的都市级市，在公元13世纪已经存在，是泰族另一个王国兰那泰的都城。中国古代文献如《新元史》、《明史》等称之为八百媳妇国。如《新元史·外国传：八百媳妇》中写道：

清迈风光

"八百媳妇者，夷名景迈，世传其长有妻八百，各领一寨，故名。"于曼谷王朝五世王时期正式成为泰国的一个府。

清迈是泰北的政治、经济、文化中心。地跨滨河两岸，河西是旧城，河东是新城。距离曼谷约700公里，海拔高约310米。清迈以手工艺著称，如珠宝首饰、金、银器、陶器、木雕、丝绸、纸伞制作等，产品闻名全国，远销海外。

清迈市气候宜人，冬暖夏凉，是著名的避暑胜地。清迈有寺庙百座，其中以市郊的双龙寺最有名，寺建山上，从山脚到山顶有几百级石阶，是泰国著名的佛教圣地。

（四）呵叻

呵叻是泰国东北部最大的城市，又称那空叻差是玛。呵叻商业发达，工业有碾米、发电、纺织、印刷等。呵叻是东北部的交通枢纽，东北线的铁路由此分叉，向北到湄公河边的廊开府，向东可达乌汶府；公路由这里可达东北各地。呵叻的手工艺品负有盛名，陶器让人爱不释手。

呵叻是一座历史名城，城内立有一座纪念像，为女英雄坤英莫塑像，纪念她带领人民抗击外敌的事迹。呵叻有很多古高棉风格的寺庙遗址。如披迈石宫，约建于11世纪，主要建筑都呈"十"字形。各建筑间都有回廊相通，有"泰国吴哥窟"之称。

（五）素可泰

素可泰位于泰国中部偏北，永河之滨。素可泰是历史名城，是泰国首个王朝素可泰王朝的首都。也是泰文化的摇篮，泰国的文字、艺术、文化与法规，很多都是由素可泰王朝开始创立的。

素可泰古城的历史公园保存有多处素可泰王朝的寺庙遗址，其宗教建筑艺术被视为最杰出的泰国风格的代表。古城中大部分宫殿已毁，只留下一些断垣残壁的古寺，仍肃穆地矗立在城内外。如马哈塔寺、西萨瓦寺、班达杏寺。其中马哈塔寺规模最大，残迹较多。马哈塔寺位于素可泰古城中心，是素可泰王朝时期的皇寺，建有很多佛殿、佛塔等寺庙建筑。寺内有一座典型的素可泰佛塔，塔顶呈"荷花苞"形，叫"帕玛哈他塔"。塔前有一大佛殿，四周墙壁已坍塌，剩下两排巨大的石柱和一佛像，使人感到佛寺之雄伟。大佛殿东侧另有一小佛殿，只残留下两排石柱子，但没有佛像。小佛殿北有一立佛，高9米，叫"帕阿他洛佛"，供奉在方形的佛殿中，佛殿屋顶已毁。再往东又有一小佛殿，也只留下柱子和佛像。在这些佛殿附近还有一些其他类型的佛塔。这里是研究素可泰王朝时期历史文化的重要遗址。

（六）佛统

佛统位于曼谷以西约47公里处。城内有一座泰国最古老最大的佛塔，叫"佛统塔"。佛统亦是泰国重要的佛教圣地。相传在2000年前，印度阿育王曾传布佛教至此，后人为了纪念佛主而在此建塔。

佛统塔

据说原佛塔是覆钵式的，长期荒芜。到了曼谷王朝四世王时，受到重视，得以重修，塔身加高加大，并在此建寺。塔高120米，塔基周长233米。寺内建有佛殿、钟楼、鼓楼、回廊、假山等。但就佛塔周围出土的文物年代来考证，既有公元初期的，又有4、6、10世纪的文物，所以很难确定佛塔建造的年代。

（七）北榄古城

北榄古城位于曼谷东南约33公里处。从1963年开始兴建，占地200多英亩（约81万平方米）。这里建有1000多年来，在泰国这块土地上曾出现的代表性建筑，如宫殿、石宫、城堡、民

舍、佛堂、佛塔等，景点分
布基本按照泰国地图设计，
现已完成70多座建筑，还没
全部完成。此外，还有群
塑、石雕，表现各种神话、
传说及文学名著中的人物。
在一些古老的建筑里，还有
工作人员按当地的习俗，穿

北榄古城三碧宫

着不同时期的服装，再现当时人的生活风貌，使国内外的游客
能重温泰国的历史，集中观赏分散在泰国各地的名胜古迹。

（八）普吉

普吉岛是泰国最大的岛
屿，安达曼海的"珍珠"，
也是东南亚具有代表性的旅
游度假胜地。它的魅力首
先在于它那美丽的大海，岛
屿的西海岸正对安达曼海，
那里遍布原始幼白的沙滩，
每个沙滩都有各自的优点和

普吉岛海滩

魅力：有清静悠闲的海滩，有豪华的、以供私人度假的海滩，
有海上体育运动盛行的海滩，还有夜晚娱乐活动丰富多彩的海
滩。因此，游客无论是单身前往，还是结伴而行，都能在普吉玩
得尽兴。普吉的魅力不仅是海滩，正如"普吉"的意思一样（马
来语：山丘），岛上有很多山。游客可以在岛上乘坐出租车和摩
托探险，也可以潜水和乘坐游艇出海。

（九）华欣

华欣距离泰国首都曼谷约200多公里，隶属于泰国巴蜀府。

华欣在泰文中是"石头"的意思，华欣海滩与众不同之处在于大大小小的岩石。华欣碧海白沙的优美风光颇受泰国王室的青睐。泰国王室在这一带修建了避暑行宫。1962年，拉玛七世兴建远忧宫，距华欣海滩只有3公里。距远忧宫不远处属于碧武里府的七岩避暑胜地，还有一座宫殿，名叫"爱与希望之宫"。这座用1,080根柱子支撑而

华欣火车站

起的16栋木制高脚宫殿，由长廊连接在一起，从陆上延伸至海滨。时至今日，泰国皇族们仍会在每年4月盛暑避居此地，如此"广告"效应更让华欣成了泰国达官显贵们消夏的胜地，也是泰人首推的度假胜地。正是王室的避暑行宫以及泰国在当地陆续修建了南部铁路，才使得这个昔日的小渔村逐步发展为度假胜地。迄今，华欣的火车站仍以其独特的建筑结构和设计风格，被认为是泰国最古老、最美的火车站。

（十）芭堤雅

芭堤雅位于东部春武里府内，距离首都曼谷约150公里，是东南亚近年来热度极高的海滩度假圣地，享有"东方夏威夷"之誉。每年有200~300次、上百人参加的国际会议在此召开；每年接待游

芭堤雅风光

客100多万人次。长达40公里的芭堤雅海滩阳光明媚，天蓝水绿，是良好的海滨游泳场。海上滑水、冲浪等水上娱乐活动新

奇刺激，在海滩南端的可兰岛，还可乘坐透明长尾船欣赏海底五光十色的珊瑚奇景和热带鱼。离芭堤雅海岸约10公里有个美丽的小岛——珊瑚岛，月牙般的沙滩拥抱着蔚蓝透彻的海水，沙滩沙粒洁白松软，特别清洁美丽，海域水质洁净，可透视水深达数米之下的海底生物世界。芭堤雅在夜中换上了另一套晚装，妖艳、神秘、诱惑。芭堤雅的娱乐与曼谷相比有过之而无不及，除了常有的娱乐项目外，更有着难忘的情调。芭堤雅的兰园和东芭文化村也值得一提，一个是兰花的世界，一个是迷你暹罗国。

（十一）合艾

合艾位于南部宋卡府，虽然不是宋卡府的府会，但却是泰南的交通中心和经济枢纽，在最近10年中，成为南方发展极为蓬勃的一个城市。由于此地距离马来西亚只有约58公里，所以马来人是占数量最多的观光客，一年约有60万人次

合艾风光

来访。合艾市区内的观光景点，其中最负盛名的便是长达35米的卧佛，这是全世界排行第三大的卧佛；同时也有一座泰南文化村相当值得参观，每日有各种表演，可以使游客深入了解到属于泰南传统的舞蹈文化及民间艺术。在合艾以西24公里处有一个景色优美的象牙瀑布，水流沿着七级台阶顺流而下，然后再分为两道，就如同大象的两颗象牙一般，象牙瀑布因此而得名。尤其在雨季过后的10—12月，瀑布水流尤其丰沛壮观。合艾同时也是个可提供各种运动和娱乐消遣的城市，其中令人回味无穷的娱乐活动，就是既惊险又刺激的斗牛竞技比赛了，这

乃是南部地区最富有传统风味的节目，在每个月第一个星期日
举办。在购物方面，合艾绝对可称为一个购物天堂，主要是这
儿出售了许多价廉物美的泰手工艺品、虾米、腰果、脆鱼干等
产品，其中最特别的是棉织品以及皮影戏中的人物造型。

第五节 历史概述

泰国历史迄今为止近800年，先后经历了素可泰、阿瑜陀
耶、吞武里、曼谷四个王朝。1932年革命以后，泰国的政治体
制由君主专制政体转为君主立宪政体。

一、素可泰王朝（1238—1438年）

泰国历史始于1238年
第一个政治国家素可泰的建
立。考古学家在泰国东北部
的班昌发现许多古老的遗
迹，证明早在四五千年前泰
国这块地域曾经有过繁荣的
金属文化时期，但那时候的
人可能并不是今天泰国的主

素可泰王朝遗迹

体民族——泰族。史前在泰国建立的比较重要的古国有孟人建
立的堕罗钵底国（6—11世纪）和古高棉人建立的扶南（1—7世
纪）和真腊国（6—15世纪）。11世纪时，堕罗钵底国被真腊征
服。13世纪，泰国地区的泰族开始强盛。公元1238年泰族首领
帕坤邦冈豪联合另一泰族首领，打败了真腊的军队，建立了素
可泰王国。素可泰王朝的三世王兰甘亨（1275—1317年）在位

期间，国泰民安，势力影响远达马来半岛和老挝一带。兰甘亨去世后，强盛一时的王朝逐渐衰弱下去。此时，素可泰西南部的一股泰族势力，正在日益壮大，很快蔓延整个中部地区。

二、阿瑜陀耶王朝（1350—1767年）

1350年，乌通在中部阿瑜陀耶称王，建立阿瑜陀耶王朝，又称大城王朝。1438年，阿瑜陀耶兼并了北方的素可泰。阿瑜陀耶王朝维持了417年，经历33位君主。15世纪末，欧洲人开始前往

阿瑜陀耶王朝遗迹

泰国通商，首先到来的是葡萄牙人，荷兰人、英国人和法国人亦相继而来，企图在泰国这块富饶土地上获得利益。阿瑜陀耶与邻国缅甸在这一时期经常发生战争。

1767年，缅军第二次攻入京城，城内的王宫、佛寺、民房和艺术宝藏均被摧毁。京城陷落后，缅军仍留下士兵驻守，以镇压泰国人的反抗。但在泰国东南沿海一带，却崛起了一支抗缅部队，这支部队的主将原是阿瑜陀耶王朝的将领郑信（在中国史书称郑昭）。郑信是华人后裔，其父郑镛原籍广东澄海。京城保卫战失利后，郑信率领随从逃往东南的罗勇建立基地，组织力量，半年后挥师沿湄南河而上，首先攻破了西岸吞武里，继而乘胜追击，把缅军赶出了阿瑜陀耶。

三、吞武里王朝（1767—1782年）

1767年，郑信在吞武里称王，建立起泰国的第三个王朝——吞武里王朝，并削减了据地称雄的其他势力，收复失

地，统一泰国。然而，宫廷内部的争权夺利很快又再次出现。1782年，郑信在一次倒戈事件中被杀。虽然在位仅15年，但郑信在泰人心目中仍不失为一个伟大的国王。为纪念郑王的丰功伟绩，泰国人在吞武里区域内建立郑王庙，为郑信塑造了一座纪念碑，碑上耸立着郑信的骑马戎装铜像，策马挥剑，极之英武。

郑信王塑像

四、曼谷王朝（1782年至今）

1782年，郑信手下部将昭披耶节基登上王位，他就是拉玛一世王，开启了曼谷王朝。由于吞武里地方太小，加上国防上的考虑，拉玛一世把国都迁到湄南河东岸，也就是今天的

拉玛九世普密蓬·阿杜德及其夫人

曼谷。曼谷王朝或称节基王朝或拉玛王朝，至今已逾200多年，其中拉玛四世蒙固是英明国王之一，是泰国历史上第一位接受西方学术思想的国君，精佛学，重科学，知识广博。为了抵抗西方国家的入侵，他与邻国化干戈为玉帛，又与西方国家建立外交关系。拉玛五世朱拉隆功大帝，废除奴隶制度，兴建学校、博物馆、国立图书馆，并在国内修建了第一条铁路，发展道路系统，创办邮电局和其他现代化设施，开启了泰国现代化建设进程。后人为纪念他的功绩，在曼谷国会大厦前的广场树立

了他的铜像。拉玛六世王曾在英国剑桥求学。第一次世界大战以前泰国人是只有名字而没有姓氏的，战后拉玛六世王提倡民众使用姓氏。随着世界潮流之趋势，皇族的权力渐渐被宪法所限制，拉玛七世执政期间，1932年6月24日爆发了民主革命，国王被剥夺实权；1932年12月10日颁布宪法，泰国开始实行君主立宪制。拉玛八世于1934年继承王位，时值第二次世界大战，随王太后驻跸瑞士，1945年回泰准备举行登基大典，不幸翌年6月9日中枪驾崩。九世王普密蓬·阿杜德，1946年即位，从他继位至今，泰国共发生了17次政变。普密蓬·阿杜德国王以平静的心态见证这些政治变迁，始终屹立不倒，并多次在紧要关头出面干政化险为夷，帮助泰国人民化解了一次又一次的劫难。时至今日，普密蓬在泰国民众心目中树立了崇高的威望。

第六节　政治

泰国在1932年以前实行的是君主专制政体，王室控制国家权力。在曼谷王朝五世王朱拉隆功亲政的37年中（1873—1910），朱拉隆功国王顺应历史发展的潮流，按西方管理国家的模式治理国家，在暹罗进行了以下几个方面的重要改革：1. 废除奴隶制和各式各样的封建依附关系；2. 改革中央和地方的行政管理制度；3. 改革财政制度，将王室的财产同国库分开，发行统一货币；4. 改革教育制度，创办了第一所学校，选派青年才俊出国留学；5. 改革军事制度，建立常备军，实行义务兵役制；6. 改革立法和司法制度，制定了民法、刑法和商法。上述改革为泰国走上现代化之路奠定了坚实的基础。

但曼谷王朝五世王的改革并没有触动贵族的利益，也不是一种整体上的根本改革，只是在君主专制政体上的一种改良罢了。

到了曼谷王朝七世王时期，部分不满封建专制，留学欧洲并受西方新思想影响的知识分子和部分文职官员在暹罗建立了民党，反对贵族专制，倡导人权与民主，主张建立君主立宪政体。

1932年6月24日，一场由军队和民党共同发动的政变结束了曼谷王朝的封建独裁统治，成立了由民党领导人拍耶帕凤上校为首的临时军政府，召开内阁会议通过了六点施政纲领，作为政府制订政策的准则。其内容要点是：①维持国家政治、司法和经济的独立；②维持国家安全，减少犯罪行为；③制定国家经济发展方案，发展国民经济，务使人民不受饥饿威胁；④贵族与平民一律平等；⑤在不与上述原则相抵触的前提下，人民享有独立和自由；⑥人民大众有充分受教育之机会。临时政府还制定了泰国的第一部宪法即临时宪法，并于同年12月10日颁布了泰国历史上第一部永久宪法，确立了"泰王国实行以国王为国家元首的君主立宪制"。泰国从此开始了民主化进程。

政体转制后，国王不掌管国家实权，不直接干预政治。即便如此，从1932年颁布的第一部永久宪法至今，泰国共颁布了18部宪法，而每一部宪法的第二章都规定："国王神圣不可侵犯，任何人不得批评或控告国王。"国王名义上仍然是国家的元首，有至高无上的地位，是泰国武装部队总司令。另一方面，宪法还规定："国王是佛教信徒和最高护卫者"，佛教传统赋予国王神圣性地位。可见国王的作用是泰国任何政治势力都无法替代的，"国王—宗教—民族"已成为泰国人民大众基本价值观中的核心，任何动摇这三者的企图都会被视为大逆不道。

泰国实行君主立宪制后，由于历史的原因，泰国军队的威望和地位仍占优势。从君主立宪制开始的第一个临时军政府起，就标志着军人干政的开始，直到20世纪70年代初，国家政权长期受军方控制，使泰国成为军事政变最多，权力交替最频繁的国家之一。70年代中期，军人退出了泰国的政治舞台，但其影响并未就此消失，军队仍然具有很强的势力。直到1992年5月发生的流血事件后，泰国才真正摆脱军人干政的阴影，民主政治才真正获得发展。可以说泰国的历史进程始终是由王室、军队和政府这三种力量在推动着。

一、立法机构

国会是泰国的最高立法机构，主要职能是修改宪法，制定法律、法规，审议政府施政方针、国家预算和监督内阁成员以及政府的行政工作。

国会实行两院制，即参议院与众议院。

众议院设500个议席，议员任期4年，其中400席通过单区单选制直接选出，另外100席则由政党名单制配给，配给依据各党派在大选中获得的选票比例超过5%才有可能根据各自票数比例获取相应比例的席位。众议院议员有权对失职或渎职的内阁成员提出弹劾，否决政府提出的预算方案等。

参议院设200个议席，议员任期6年，不得隶属于任何政党，不得担任内阁成员，所有上议院议员均由全国直接选举产生。两院议长分别为国会主席和副主席。

二、行政管理

泰国的行政管理分为三个层次：中央行政机构、区域行政机构和地方行政机构。

中央政府是泰国的最高行政机构，设总理、副总理，以及行政各部门。泰国共有20个政府行政部门：

1. 总理府　设有：

（1）总理府常务次长办公室

（2）民众联络厅

（3）消费者权益保护委员会办公室

直接对总理负责的部门：

（4）总理秘书处

（5）国务院秘书处

（6）国家情报局

（7）预算处

（8）国家安全院办公室

（9）法令委员会办公室

（10）文职公务员委员会办公室

（11）国家经济与社会发展委员会办公室

2．国防部 设有：

（1）部长秘书办公室

（2）常务次长办公室

（3）御卫厅

（4）最高军事指挥部

（5）国防部管辖的国企部门

3．财政部 设有：

（1）部长办公室

（2）常务次长办公室

（3）财政厅

（4）中央会计厅

（5）海关厅

（6）国货税厅

（7）税务厅

（8）国企政策委员会办公室

（9）公共债务管理办公室

（10）财政经济办公室

4．外交部 设有：

（1）部长办公室

（2）常务次长办公室

（3）领事厅

（4）礼宾厅

（5）欧洲厅

（6）国际发展合作办公室

（7）国际贸易厅

（8）条约与法律事务厅

（9）新闻厅

（10）国际组织厅

（11）美洲与南太平洋厅

（12）东盟厅

（13）东亚厅

（14）南亚、中东以及非洲厅

5．社会发展和人类安全部 设有：

（1）部长办公室

（2）常务次长办公室

（3）社会发展与福利办公室

（4）家庭与妇女事务办公室

（5）民政厅

6．教育部 设有：

（1）部长办公室

（2）常务次长办公室

（3）教育委员会秘书办公室

（4）基础教育委员会办公室

（5）高等教育委员会办公室

（6）职业教育委员会办公室

（7）公众机构

7. 旅游与体育部　设有：

（1）部长办公室

（2）常务次长办公室

（3）休闲与运动发展办公室

（4）旅游发展办公室

8. 农业和合作社部　设有：

（1）部长办公室

（2）常务次长办公室

（3）水利厅

（4）合作社账目稽查厅

（5）渔业厅

（6）畜牧厅

（7）土地开发厅

（8）农业学术厅

（9）农业发展厅

（10）合作社发展厅

（11）农业土地改革办公室

（12）国家食品与农产品标准办公室

（13）农业经济办公室

9. 交通部　设有：

（1）部长办公室

（2）常务次长办公室

（3）海军商务与水路运输厅

（4）陆路运输厅

（5）航空运输厅

（6）公路厅

（7）农村公路厅

（8）运输与交通计划与政策厅

10．自然资源和环境部　设有：

（1）部长办公室

（2）常务次长办公室

（3）污染控制厅

（4）海洋与海岸资源厅

（5）地质厅

（6）林业厅

（7）水资源厅

（8）地下水资源厅

（9）国家公园、野生动物和植物厅

（10）环保厅

（11）环境与自然资源计划与政策厅

11．信息技术和通信部　设有：

（1）部长办公室

（2）常务次长办公室

（3）邮电厅

（4）气象厅

（5）国家统计办公室

12．能源部　设有：

（1）部长办公室

（2）常务次长办公室

（3）天然燃料厅

（4）能源事务厅

（5）能源保护与替代能源发展厅

（6）能源计划与政策办公室

13．商业部　设有：

（1）部长办公室

（2）常务次长办公室

（3）外贸厅

（4）内贸厅

（5）保险厅

（6）国际贸易谈判厅

（7）知识产权厅

（8）贸易发展厅

（9）出口促进厅

14. 内政部　设有：

（1）部长办公室

（2）常务次长办公室

（3）行政厅

（4）社村发展厅

（5）地产厅

（6）减轻与预防公共灾难厅

（7）工程管理与城市规划厅

（8）地方行政促进厅

15. 司法部　设有：

（1）部长办公室

（2）常务次长办公室

（3）行为规范厅

（4）权益保护厅

（5）案件强制执行厅

（6）青少年保护与督察厅

（7）刑务厅

（8）特别案件审讯厅

（9）司法事务厅

（10）法学院

16．劳工部　设有：

（1）部长办公室

（2）常务次长办公室

（3）就业指导厅

（4）劳动技术开发厅

（5）劳动力保护与福利厅

（6）社会保险厅

17．文化部　设有：

（1）部长办公室

（2）常务次长办公室

（3）宗教厅

（4）艺术厅

（5）国家文化委员会办公室

（6）现代文化艺术厅

18．科技部　设有：

（1）部长办公室

（2）常务次长办公室

（3）科学服务厅

（4）原子厅

19．卫生部　设有：

（1）部长办公室

（2）常务次长办公室

（3）医务厅

（4）疾病控制厅

（5）泰医和选择医学发展厅

（6）医学厅

（7）健康服务促进厅

（8）心理健康厅

（9）卫生厅

（10）药品与食品委员会办公室

20．工业部　设有：

（1）部长办公室

（2）常务次长办公室

（3）工业工厂厅

（4）工业促进厅

（5）基础工业与采矿业厅

（6）甘蔗与砂糖委员会办公室

（7）工业品标准办公室

（8）工业经济办公室

此外还有一个直接对部长负责的部门：投资促进委员会办公室

泰国的独立机构：

（1）国家警察总署

（2）选举委员会

（3）宪法法院

（4）司法法院

（5）行政法院

（6）国家预防与反腐败委员会

（7）国会国事督察员办公室

（8）国家审计署

（9）上议院秘书办公室

（10）下议院秘书办公室

（11）国家人权委员会

（12）国王财物办公室

第二章
经济概况

本章导读

☆泰国实行自由经济政策，属外向型经济国家。第二次世界大战以前，泰国是单一的农业国。1954年10月颁布的《鼓励工业发展法案》，正式拉开了以工业化为中心的经济发展战略的序幕，并于1961年起开始实施国家经济与社会发展五年计划，经济体制由强调民族资本主义向重视发展工业的自由资本主义转变。泰国经济的发展先后经历了进口替代、出口导向及高速发展三个阶段。90年代起，泰国经济结构发生重大变化，由主要以农产品出口为主的农业国逐步向新兴工业国转变。1995年泰国经济增长率高达8.8％，被称为亚洲第五只"小虎"，世界银行将泰国列入中等收入国家。1997年爆发的金融危机沉重打击了泰国经济。2001年起开始实施"双轨式"经济发展战略，使得2003年泰国经济明显好转，增长率达7.0％，成为东南亚地区经济增长最快的国家。2006年以来，泰国政局动荡不安，政府更迭频繁，经济也遭受打击。2009年起政府推出了一系列刺激经济计划，即"泰国强国计划"，经济逐步恢复并发展。

第一节　由农业国转向新兴工业国

一、传统农业国

第二次世界大战之前，泰国是单一的农业国，经济基础落后，几乎没有工业；社会封闭，农民自给自足的思想根深蒂固，缺乏商品经济观念；对外贸易主要由政府掌控，仅有少量商品出口到邻国。

随着泰国与西方国家的交往日益频繁，贸易往来也开始有所增加，泰国的经济模式随之逐渐发生变化，即由满足国内需求的"自给自足"生产模式转为面向出口的生产经营模式。泰国的稻米、橡胶、锡和柚木等大量出口，出口贸易在国民生产总值中占很大的比重。但是这却造成了泰国经济对国外市场的依赖性和经济发展的片面性，泰国工业得不到发展。

经过战后多年的发展，泰国经济虽然得到了恢复并有所发展，但由于战前泰国的经济水平并不高，与世界一些国家相比，仍然显得十分落后。从事农业生产的劳动力还占全国总劳动力的85%以上，农业生产在国民经济中仍然占主导地位；工业水平低，规模小，只占国民经济总产值的12%以内，从事工业生产的人口占总人口还不到0.1%。工业门类只是为出口服务的碾米业、伐木业、锯木业和采锡业，以及其他一些生产简单的日用品的加工工业，出口以初级产品为主，没有重工业，许多日常生活品、工业品仍要依赖进口。

1948—1957年，波·披汶宋堪将军第二次执政，为推动经济发展，实行了多项经济政策，其中1952年颁布了减少进口、鼓励发展替代进口工业的措施，以促进国内工业发展。这标志着泰国正式跨入工业化发展的新时代。1954年10月，颁布《鼓励工业发展法案》，这是泰国政府实施以工业化为中心的经济发展战略的开端，也是进入发展"进口替代"工业时期的开端。

二、进口替代发展阶段

1954—1957年，泰国政府所实施的工业化政策是：发展以国家资本为主的"进口替代"工业，由政府直接兴办工业企业。然而工业化进展比较缓慢。为了改变经济现状和加速工业化发展进程，泰国政府采纳世界银行的建议，对经济政策进行改革，从由政府起主导作用发展工业转为由民间资本起主导作用发展工业的政策。先后成立了"国家经济院"（后改名为"国家经济和社会发展委员会办公室"），泰国投资促进委员会（BOI）；颁布并实施多项政策法规，如《1960年鼓励工业投资法案》；1962年、1965年和1968年又分别对这一法案进行了多次修改和补充，以扩大工业投资的优惠和简化投资申请手续及行政管理手续，在60年代期间还实行低息贷款政策以促进工业发展，从而取消了国营企业的特殊垄断地位，实施了工业化的主体由官方向民间转移，即由民间资本投资推动泰国工业化发展，政府只是在社会基础设施建设和政策优惠方面为民间资本提供方便。此外，1962年泰国政府还宣布实施商业银行条例，国家的金融体制开始与国际体制接轨，可以自行印制钞票，能够承担国际货币基金组织的义务，等等。

1961年起泰国开始实施国家经济与社会发展计划，第一个国民经济发展计划规定为六年，即1961—1966年，以后每五年一次。国家经济与社会发展计划的实施标志着泰国经济体制由强调民族资本主义向重视发展工业的自由资本主义转变，在其指导下，泰国的经济快速发展起来。

　　第一个社会与经济发展计划中经济发展的重点是发展电力、交通等基础设施，鼓励民间与外来投资和发展替代进口工业。1967—1971年开始实施第二个国家经济和社会发展计划，政府提出了"以农扶工"的口号，提倡发展依靠国内劳动力和原材料为主的农产品加工工业，并对原来以大米和橡胶为主的农业产业的生产结构进行调整。

三、出口外向型发展阶段

　　20世纪60年代末期，泰国替代进口工业的发展战略面临着越来越多的挑战，如国内市场日趋饱和；许多替代进口企业的发展已达到了尖峰，生产开始下降；由于替代进口工业的发展，导致机械设备、中间产品及原材料等进口的增多，从而造成外贸逆差日趋严重等等。这些问题促使泰国政府不得不改变工业发展战略，由替代进口型变为发展出口外向型工业。1972年政府修订了《鼓励投资条例》，明确规定给予出口外向型企业在政策上的优惠。1972年起实施的第三个国家经济与社会发展计划（1972—1976年），重点是鼓励发展出口外向型工业。

　　第一至第四个国家经济与社会发展计划实施期间，泰国政府只单纯追求国家生产总值和收入，过于强调经济增长率，而忽略了社会的协调发展，使泰国无法从根本上摆脱贫困，致使地区经济发展不平衡、贫富悬殊进一步加大、城乡差别扩大等问题日益突出。

　　比如，泰国首都曼谷，是泰国最发达的城市，无论从人均收入水平还是生活质量水平上看都要远远高于泰国其他地区。因此，在炳总理[①]时期宣布实施的第五个五年计划（1982—

---

① 炳·廷素拉暖，1980年3月12日任泰国总理一职，1988年4月去职，由差猜·春哈旺接替。现任泰国枢密院主席，被认为是泰国国王普密蓬·阿杜德的重要亲信。

1986年）改变了过去的做法，把重点放在了发展农村地区经济，还积极开发利用其他可替代石油的能源，调整国内经济结构，使之与不断高涨的石油价格相适应。为了提高主要经济部门的工作效率，炳政府不断调整经济结构和发展战略：一是调整能源价格；二是促进自由贸易，放宽物价控制条例，取消出口限制；三是鼓励出口相关产业的投资；四是调整关税结构；五是调整农业部门的效率；六是维持稳定与调整经济结构双管齐下。此外，为了解决当时的经济问题还实行了一系列具体措施：

（1）在泰国湾勘探能源，投资铺设天然气管道引到陆地。同时制订东部沿海发展计划，在罗勇府的玛达普建立工业园区，如天然气分离厂、化肥厂、石油气厂等。

（2）促进出口外向型工业，使得出口工业的投资增加，并在朗差帮和萨哈建了深水港以及多个工业园区。

（3）建立国际经济部门的稳定秩序。为了建立货币稳定，促进出口，1981年两次宣布泰铢贬值，并于1981年7月15日取消了Daily fixing制度，由外汇兑换基金会负责制订汇率；1984年11月2日再次调整汇率，取消了与美元的挂钩，泰币再次贬值达15%，即与美元的兑换率由原来的23铢升至27铢；颁布法令规定贷款利率，将贷款年利率的上限调高至15%以上，逐渐减少信贷额，并规定向国外借贷的上限以减少外债。

（4）促进旅游业。成功地举办"泰国旅游年"活动，赚取了大量外汇。

（5）紧跟世界潮流，切实改革国有企业。

四、经济高速增长阶段

通过经济发展战略的调整和采取各种政策措施，泰国很快就扭转了经济下滑的被动局面。1986年中，泰国国家银行宣

布，泰国经济走出了低谷，从此开始了高速发展，1987年经济
增长率达8.6%。1988—1990年连续3年出现两位数的增速，年均
增长率高达11.3%。进入90年代，政府加强农业基础建设的投
入，并积极促进制造业和服务业的发展：工业和出口等主要经
济产业出口大幅度增长，产品更加多元化；建筑业和房地产业
以前所未有的速度扩大；服务业也不断发展，并趋于多样化，
尤其是旅游业和金融业飞速发展。这一切推动了经济快速增
长，表现如下：一是出口工业以年均29%的速度增长；二是民间
投资尤其是在出口生产方面大幅增加；三是泰币兑换率相对占据
优势，外国投资增加；四是关税等出口障碍减少；五是财政预算
首次出现顺差。这一阶段泰国经济结构已发生重大变化，由过去
主要以农产品出口为主的农业国逐步向新兴工业国转变。

差猜·春哈旺[1]执政时期（1988—1991年）正值泰国经济
的繁荣时期，政府推行了一系列重要的促进经济发展政策：

（1）为了促进生产、贸易与投资，泰国政府重视与邻国及
地区的贸易，大力推行"变战场为市场"政策，旨在将中南半
岛三国，即越南、柬埔寨与老挝这三个历经十年战乱的国家转
化为商业贸易地区，使泰国与这三个国家的贸易增加，泰国的
国际与出口贸易进一步扩大。

（2）调整与放宽一系列政策以鼓励国内外的民间投资，
例如指示泰国投资促进委员会常驻世界各个地区办事处加大力
度吸引国外投资，允许外国投资商进行土地买卖，允许私人进
入国家森林公园进行营利性经营等等。使商业土地大大增加，
1988年的土地交易额达到了1,500亿泰铢，建筑工业在1988年扩
展了大约15%。1989年间泰国银行发放了大量的房地产信贷。

---

[1] 差猜·春哈旺，泰国第25任总理。1988年8月任泰国总理兼国防部长，1991年2月23日，
三军最高统帅顺通·空颂蓬上将和素金达·甲巴允上将发动军事政变，差猜政府被推翻。

此外，泰国银行放宽了泰铢与外汇的进出口政策，以增加对外贸易和旅游业的收入，并且允许商业银行在办理企业金融业务中收取手续费。与此同时，泰国证券市场也达到了鼎盛时期。这一切均有助于推动泰国成为东南亚主要的经济与金融中心。

（3）促进各种大型基础设施与公共设施的建设，满足经济增长的需求。例如：主要公路建设计划；跨湄公河大桥建设计划；在外府修建新公路计划，将运输业延伸到外府，如在罗勇府建造朗差帮深水海港；启动洛坤府至甲米府连接安达曼海和泰国湾的经济大桥计划，以支持南部沿海岸地区的发展。

第六个国家经济与社会发展计划（1987—1991年）的实施使泰国经济增长率高居世界首位，投资规模达到有史以来最高水平，出口形势明显好转，经济年均增长率高达10.9%，高出调整后8.4%的预期目标，其中1988年经济增长率为13.3%，创25年来新高。

1992年世界经济摆脱了上一年的衰退，尽管复苏缓慢，可对泰国经济依然起到了推动作用，年增长率达8.1%，尤其是出口与1991年相比增长了13%。与此同时，1992年泰国国内爆发了政治危机，各种目的、性质的集会不断，其中"五月风暴"影响最大，旅游和投资被迫中止了。然而由于当时泰国社会与经济基础还算稳固，以及1992年9月新一轮大选的成功举行，经济得以迅速恢复，且增长势头强劲。其中，1995年泰国经济增长率高达8.8%，被称为亚洲第五只"小虎"，世界银行将泰国列入中等收入国家。

第二节 1997年金融危机

第八个国家经济与社会发展计划（1997—2001年）实施不久，1997年7月金融危机爆发，沉重打击了泰国经济，离"亚洲经济第五只小龙"称号近在咫尺的泰国陷入了重重困境，不得不艰难地为自身寻求出路。

之前经济的飞跃式快速增长，暴露出泰国经济结构尤其是金融结构明显跟不上发展步伐。由于前几届政府实施了财政金融体制改革政策，逐渐放宽了金融限制，开放了金融自由，扩大金融机构经营范围，并对金融机构进行稽查，使得大量外来资金流入泰国。但是这些资金并没有真正用于经济建设，而是用于房地产业和证券市场寻求短期利益，引起经济过热，银行不良贷款不断增加。

虽然大多数农业产业依然朝着好的方向发展，政府部门也加大了对各种基础设施建设的投入，然而由于出口、民间投资、国内需求、工业生产等的减少，以及经常性项目赤字的扩大，1996年经济发展速度放缓，增长率为6.9%，低于预期的8.3%。主要表现在：

（1）出口业遭遇前所未有的倒退，由预期增长21.6%降为0%。一是由于泰国在劳动密集型出口商品如纺织品、鞋类、装饰花草、玩具等的生产成本高于中国、越南和印度尼西亚等竞争对手，在出口市场处于劣势；二是泰国主要伙伴国家如日本、欧盟等的经济还没有完全复苏，贸易保护越来越严重；三是增值税、关税的退还进展缓慢。

（2）国内总体消费呈下降趋势。一是由于自1995年以来政府实行严格的金融政策采取了一系列的措施，如减少信用卡的消费，提高奢侈消费品关税，限制给某些行业如汽车租购提供信贷，等等。

（3）经常账赤字扩大。这是由于进口的增长和出国消费的增多，1996年11月经常账在连续五个季度出现盈余之后开始出现高达61.98亿铢的赤字，占GDP的8.6%。

（4）民间投资减少。班汉·信拉巴阿差于1995年7月13日就任泰国总理，人民对其在解决经济问题方面的能力缺乏信心，使外国投资者对泰国经济形势感到担忧，纷纷撤回其在证券市场的投资，股票指数随之一路下跌，从1996年2月6日的1415.04点跌至1996年12月20日的816.79点，整个投资氛围尤其是证券市场变得非常低迷。1996年11月差瓦立·永猜裕上将上台不但没有增加外国投资者的信心，反而使局势更加严峻。

另外实行泰铢与贸易伙伴国货币之间用美元挂钩的兑换率已经不适应形势的发展，泰币的过于坚挺对出口造成冲击，于是出现了要求重新调整汇率制度的呼声。

其实，差瓦立政府（1996.11—1997.11）执政初期，曾经与国际货币基金组织（IMF）进行磋商，实施了严格的金融政策以保证经济不再重蹈前几年经济泡沫的覆辙，同时把工业与服务业的发展机会和投资推向全国各府，鼓励技术密集型企业的投资，旨在让泰国经济从短期投资的不稳定状态中抽身，重新走入正轨。然而过度的投资导致了债务问题的发生，引发了国内金融机构的危机。同时问题的严重导致了国内外对政府宣布泰币贬值的担心。

泰国经济出现的上述各种不良信号，被国际金融投机家所利用。国际金融大炒家索罗斯，于1997年3月至5月开始在泰国外汇市场上大量抛售泰铢购入美元，自1997年2月、5月他们曾先后两次联手掀起了一场抛售泰铢的风潮，引起了泰铢对美元汇率的大幅度波动。为了保持泰铢稳定，泰国国家银行只得动用外汇储备进行干预，外汇储备急剧减少，由1997年2月的385.5亿美元减少至同年6月30日的28亿美元，政府被迫于同年7月2日宣布实行泰币自由浮动汇率制，放弃泰铢与美元的固定汇率制（即25铢兑1美元），从而引发金融危机，经济严重衰退，大多数人民陷入水深火热的痛苦之中。自此，泡沫式经济危机从泰国开始，迅速蔓延到整个亚洲、俄罗斯以及其他国家，变成了一次全球性的经济大灾难。

一、经济大衰退

1997年8月14日政府被迫接受国际货币基金组织（IMF）的紧急融资援助。然而加入IMF的经济复苏计划，政府必须接受其多项苛刻的条件，如1998年度财政预算通过削减923亿铢的财政支出，使得财政收支差额持有相当于GDP 1%的盈余额；将商品增值税由7%提高为10%；严格实行金融制度，维持贷款的高利率，对信贷发放持小心谨慎态度；等等。

危机爆发4个月内泰币贬值了50%（1998年1月贬至57铢兑1美元），56家金融公司暂时关闭，失业人员不断增加，人民生活水平大幅度下降。1997年泰国经济严重衰退，GDP出现负增长，增长率为-1.7%。

1998年川·立派政府采取了一系列经济与金融措施，致力于恢复内需，促进金融机构的稳定，调整债务结构，以及修改法律法规使金融机构发放信贷的程序恢复正常化，真正为经济部门服务。主要措施有：

（1）调整债务结构，泰国国家银行于1998年6月25日成立了促进债务整顿委员会。

（2）恢复金融机构体制，泰国国家银行于1998年8月14日出台了14项恢复金融机构体制的条例。

（3）颁布11部法律，包括《外国侨民经营法》《房地产租赁法》《公寓法》《破产法》《成立破产法庭法》《国企资本法》《社会保险法》等以吸引外国投资者和外来资本。

（4）实施财政赤字预算方案，经1998年2月及5月两次与IMF的谈判，允许财政收支差额持有相当于GDP的-3%的赤字额。

（5）成立金融机构体制改革机构，对56家倒闭的金融机构进行拍卖。

（6）扶持金融机构体制恢复和发展基金，政府制定法规，将权力下放给财政部，让其负责贷款发放及管理工作，帮助金融机构恢复发展基金。

（7）接受日本提供的18.5亿铢贷款，用于恢复经济，增加产品竞争能力和促进出口。

此外还有一系列刺激经济发展的措施，如社会投资计划、关税条例、劳动力条例、国有企业条例、资金市场条例、生产条例，等等。

然而随着金融危机在亚洲地区的扩散，1998年泰国经济进一步滑坡，出现10.2%的负增长。

二、经济起死回生

进入1999年，泰国政府为了刺激经济而采取了一系列的金融和经济改革措施：一是通过增加政府消费，降低增值税，在一定数额内减免个人所得税，削减民用电费煤气费等措施，刺激民间消费；二是通过四项主要措施，刺激民间投资，即调整关税、提供资金扶持、恢复不动产业以及调整中小型企业的金融结构等。

经过泰国政府和人民的努力以及国际社会的援助，加上世界经济的逐渐复苏（全球经济增长从1998年的2.5%上升到3.0%），泰国经济开始走出低谷，逐步走上复苏的道路，各产业均呈现上升的趋势，GDP增长率为4.4%。

2000年泰国政府出台了多项维护经济持续增长的措施：一是刺激经济，如将增值税7%的实施时间放宽到2001年9月30日；扶持和鼓励农民和低收入者创业等；二是促进房地产业的复苏；三是鼓励并扶持民间投资；四是解决贫困问题；五是贸易方面，启动成立蔬果集散出口中心计划，以提高农产品出口标准，减少出口环节和费用，稳定国内蔬果价格，发展泰国蔬果中央市场。期限自实施之日起15年时间，动用2001年年度预算2,730万铢。在该计划实施过程中，政府负责商品的质量检验并出具合格证明；而民间组织则负责组织采购必要的服务设备，为出口商提供便利，其中包括负责成立中心，为出口商、贸易商及农民提供一站式服务（One Stop Service）。

泰国经济在2000年仍然处于复苏阶段，GDP 增长为4.8%。

第三节 "双轨式"经济发展模式

由于受到不利的国际经济环境影响，2001年泰国经济增长再度受挫，国内生产总值仅增长2.2%。2002年以来他信执政的泰国政府主张内外发展并重，实施"双轨式"经济发展战略，对内实行扩张性财政政策，强化基础经济；对外大力推动多边和双边自由贸易合作，扩展国际市场，尤其是与新兴经济大国中国加强发展贸易与投资关系，使得泰国经济状况明显好转。"双轨式"经济发展战略即开放式发展战略和草根发展战略。

在开放式发展战略的实施方面，主要措施有：

（1）建立金融的稳定，实行金融改革，如成立国家资产管理公司处理银行呆账、坏账。

（2）制定优惠的投资政策，改善投资环境，加大力度吸引外资，拓展国际市场。

（3）扩大出口。一是给予低息贷款和补贴；二是努力改变出口严重依赖美国及日本市场的局面，高度重视新的出口市场，调整出口政策，在继续保持传统大市场（美国、欧盟、日本、东盟）出口量大幅增长的同时，着力开拓新的出口市场。

此外，他信政府积极推动多边、双边自由贸易和地区性经济合作，以减少经济发展的障碍，进一步扩大贸易与投资市场，使泰国成为东盟地区的中心，与本地区以及地区外的国家建立广泛的贸易合作关系。

在草根发展战略的实施方面，政府着力帮助城乡低收入者，给他们创造就业机会，增加收入，努力消除贫困。具体措施包括：

（1）启动暂缓小宗债务之农民债户的偿债计划，即三年内暂时停止向农民讨还小额贷款的债务，以利用这段时间恢复和改造生产结构。

（2）建立"乡村/社区发展基金"，通过国家储蓄银行向每一乡村和社区提供100万铢用于投资的周转基金，用以发展生产，增强社区的经济实力。

（3）组建人民银行，给中小型企业提供低息贷款（SMEs）。

（4）实行"一乡一产品"计划（OTOP），发展具有地方特色的地方经济，为农民创造收入。

（5）推行"化资产为资本"计划，为人民提供便捷的创业融资渠道。

（6）实行"挖掘农村/社区潜力"计划（即增加城乡贷款计划，SML）。

同时，他信政府还推行多项社会福利措施，来推动"双轨式"战略的进一步实施，包括：实施"30铢治百病"全面健康保健计划，帮助低收入者方便就医，改善社会福利保障状况；对贫困人口进行注册登记；实行"仁爱住宅"、"仁爱电脑"、"仁爱出租车"等仁爱计划，等等。此外还有教育与技术发展政策，即教育改革、颁发仁爱教育基金和优秀学生赴国内外深造奖学金。

"双轨式"经济发展战略的实施拉动了内需，促进了出口的增长，2002年经济呈现复苏的好势头，并进一步推动了泰国经济在2003年的快速发展。2003年经济增长率达7.0%，是1997年金融危机以来取得的最好成绩，也是1995年以来经济增长率最快的一年，成为东南亚地区经济增长最快的国家，表现在：

（1）国内需求日趋旺盛，带动了泰国经济的发展。民间消费在2003年成为推动国内需求增长的主要动力，年增长率为6.3%，高于2002年的4.9%，为泰国2003年的GDP增长带来了3.5个百分点。由于民间消费的稳定增长，政府成功地减少了财政赤字，从2002年占GDP1.45%减少到2003年的1%。汽车和房产销售有所回升，汽车销量突破50万辆。

（2）出口增长强劲。出口贸易无论从出口量还是价格来看，都比2002年有所增长。在保持出口增长的同时，进口也有很大的增幅。2003年国际贸易总额为1,550.641亿美元，与2002年同比增长17.1%。其中出口总额为800.494亿美元，与2002年同比增长了17.4%；进口总额为750.147亿美元，与2002年同比增长了16.8%。贸易顺差为50.347亿美元，与2002年同比增长了28.5%。

（3）民间投资显著加大，极大地推动了经济向前发展。

（4）生产部门发展迅速。2003年金融业增长了12.5%，高于2002年的9%；建筑业增长了3.4%，低于2002年的5.7%（其原因在于公共建设项目减少）；房地产恢复了供需两旺的局面，并超过金融危机前的水平；制造业发展迅速，增长率达10.3%；生产能力利用率平均为66.2%，和2002年的59.3%相比，提高了11.7%。工业部门出现好转，工业增长率为13.7%，其中工业总产值为2,658亿铢（约64亿美元）；农业发展创新高，增长率达6.8%，尤其是由于国内外市场对橡胶的需求量迅猛增长，橡胶的价格高达每公斤50铢，是有史以来的最高记录。

（5）财政收入良性增长，国际储备增加，外债减少，低膨胀率现象持续，股市表现良好。2003年预算剩余额占GDP的0.6%；虽然通货膨胀率由2002年的0.7%上升到1.8%，但仍在可控制的范围内；泰铢币值坚挺，参考汇率为1美元兑换41.5泰铢，较2002年的43.0铢有所回升；证券市场股票指数飙升到117%，成为亚洲最亮丽的股市；经常账户保持80亿美元盈余，占GDP的5.6%，略高于2002年的5.5%；由于预付国际货币基金组织的贷款，国际收支经常账目仅出现1.43亿美元的结余；外汇储备上升到421亿美元，相当于短期外债的3.7倍，并相当于7个月的进口额；尽管贷款不断增加，清偿能力却保持强劲；外债持续下降，2003年底的外债总额为517.83亿美元，并且于2003年7月31日向国际货币基金组织偿还了最后一笔总额为16亿美元的贷款，提前两年还清了国际货币基金组织在1997年亚洲金融危机时提供的172亿美元的贷款，并宣布将不再向国际组织贷款。

（6）失业率持续下降。2003年失业率为2.2%，是经济危机以来的最低点。

（7）2003年泰国贫困人口减少了4%，农村人口平均收入增加了11%。

（8）旅游业市场因非典型肺炎（SARS，简称"非典"）肆虐受到冲击，但后半年有所好转。2003年上半年，由于美伊战争以及非典在亚洲地区的爆发并蔓延，极大地冲击了全球的旅游业市场。而在泰国，非典成为有史以来对泰国旅游业影响最严重的因素，尤以5月份所受到的影响最为深重。自7月份起，政府与民间共同携手，采取种种措施以促进旅游市场的复苏，其表现在：制订统一的价格标准，规范旅游市场，举办丰富多彩的活动来吸引游客；政府通过在10月举办的亚太经合组织会议，以向世人证明到泰国旅游的安全性；年底还推出了廉价航线的旅游服务等。自此泰国旅游业逐渐开始好转。

2003年泰国经济快速增长，尤其是第四季度持续走强，为2004年的进一步发展打下了基础。2004年政府出台了多项促进金融机构发展、调整关税等的措施，以维持经济的稳定。如：2004年1月1日开始实施"化资产为资本"计划，使普通民众有机会抵押现有资产，获得资金从事生产，改善生活；而对于没有土地的贫民，政府则将无人耕种的荒地分配给他们耕种。该计划实施以来，政府先后为以土地作抵押的28,053人发放贷款24亿铢，为以33,743台机器为抵押物的1,538人发放贷款共1,300亿铢。

然而由于油价的上涨、南部边境三府的动乱、禽流感的蔓延等风险因素影响了消费者的信心；加上国内对耐用品的需求已接近饱和，致使国内消费与投资的步伐放缓，2004年经济增长幅度有所回落，增长率为6.2%。主要表现在：由于国外需求稳定，出口总额创历史新高，达961亿美元，尤其是大米出口再创新高，泰国成为世界上最大大米出口国；尽管受泰南不靖、禽流感以及2004年最后一周海啸的影响，外国游客人数仍增长了17.3%，全年旅游收入高达约176.5亿美元。另外，通货膨胀为2.7%，失业率为2.1%，国际收支经常项目出现511亿美元的盈余，外汇储备相当于短期外债的4倍，为498亿美元。

他信政府在第一届任期（2001—2004年）内主要任务是"修缮"，即恢复经济，消除贫困。第二届他信政府以"建设"为目标，继续推行其在第一届任期内的大众主义政策。为了刺激经济，2005年政府采取了多项刺激经济的措施，如改善旅游环境；促进出口，尤其是电子、食品和汽车及零部件等的出口；实施挖掘农村/社区潜力项目；2005年7月12日宣布提高公务员工资及退休金(于当年10月1日生效)、提高最低工资标准(于当年8月1日生效)；实施大型基础设施项目建设计划，等等，使2005年泰国经济持续快速发展，经济增长率为4.7%。

但是与2004年相比，经济增长的增幅有所减缓，主要因素为：一是2004年12月底因印度洋发生九级地震导致的世纪大海啸，使泰国南部的普吉及附近旅游胜地被摧毁，并造成主要是外国游客的5,000多人丧生，沉重打击了占泰国经济6%的支柱产业——旅游业；二是2004年底持续至2005年初的旱灾，造成泰国农作物产量比上年略有下降；三是在全球石油价格不断高涨的大环境下，泰国国内柴油及汽油的零售价随之上涨，导致整个石油产品的平均零售价格相比2004年有所上涨，由此增加了交通运输及以石油为能源、原材料的相关行业的成本，使这些行业均受到了不同程度的影响，造成高达4.5%的通货膨胀率。

此外，国际贸易自2000年以来首次出现了贸易逆差和经常账户赤字，2005年全年出口总额为1,092.11亿美元，年增长率15%，低于2004年的21.6%；进口总额为1,177.88亿美元，年增长率26%，略高于2004年的25.9%；贸易逆差高达85.78亿美元，经常账户赤字达37.14亿万美元，国际收支经常账目顺差54.22亿美元。这是由于上半年出口增幅放缓之后，下半年出口额及出口数量开始快速增加；而在进口方面，上半年由于多项大型工程项目的实施，对于石油和钢铁等的需求增加，从而导致进口额剧增，贸易收支状况迅速恶化。

第四节　2006—2010年经济发展状况

2006年以来，泰国政局动荡不安，政府更迭频繁，经济也遭受打击。2008—2009年，由于次贷危机的影响，泰国出口严重衰退，泰国经济受到拖累而放缓，2009年经济增长率再次出现负增长（−2.3%）。不过，2009年GDP仍达到2.661亿美元，人均国内生产总值约为3,941美元。

2009年起阿披实政府推出了一系列刺激经济计划，以推动泰国经济的发展，即"泰国强国计划"（或称"泰国坚强计划"）。2009年第一轮刺激经济的计划重点在于刺激国内消费，包括给予低收入人群补贴、降低人民生活成本等，但泰国经济未来的发展趋势仍不明朗。为更好地推动经济持续稳定发展，提高工业长期竞争力，泰国政府通过了在2010—2012财政年度实施第二轮刺激经济计划，通过在全国范围内分配公共基础设施投资预算，在3年内向社会提供150万个就业岗位，使2009年失业人群中的85%重新就业。该计划预算金额达450亿美元，其宗旨是：

（1）改善水利系统，增加小型工农业水源，提高农业生产效率。

（2）改善和提高现代化公共设施服务，增强竞争力，提高人民生活水平。

（3）增加旅游部门收入，积极开发旅游市场及项目，投资发展有潜力的旅游景区，并修缮原有景区。

（4）促进创新经济产业。

（5）提高教学质量，完善现代化教学体系。

（6）实行医疗卫生制度改革。

（7）提高人民生活水平，发展南部边境各府。

由于这些刺激经济措施的实施，加上世界经济持续复苏，欧洲债务危机影响范围得以控制，亚洲经济强势反弹等因素，2010年泰国经济表现优于预期，投资、消费、出口平稳增长，拉动经济全面复苏，呈现增长速度较快、就业情况稳定、物价水平可控的良好态势。全年GDP增长7.8%，总额10.1万亿泰铢（约3,182亿美元），是泰国近15年来最高水平，失业率、通胀率也分别维持在1.1%和3.3%的较低水平。

表2-1　2006—2010年泰国主要经济指标

年度	2010	2009	2008	2007	2006
1. 总人口（单位：百万人）	63.88	—	63.39	63.04	62.83
2.国内生产总产值 GDP					
2.1 按1988年价格计算的总产值（单位：十亿铢）	4,595.8	4,262.0	4,361.4	4,256.5	4,056.5
年增长率（%）	7.8	−2.3	2.5	4.9	5.1
2.1.1 农业部门（单位：十亿铢）	381.5	380.8	383.0	370.0	366.8
年增长率（%）	−2.2	−0.6	3.5	0.9	5.4
2.1.2 非农业部门（单位：十亿铢）	4,214.2	3,881.1	3,978.3	3,886.5	3,689.7
年增长率（%）	8.8	−2.4	2.4	5.3	5.1
2.2 按目前价格计算的总产值（单位：十亿铢）	10,1029	9,047.6	9,075.4	8,529.8	7,850.1

续表

年度	2010	2009	2008	2007	2006
年增长率（%）	11.7	−0.3	6.4	8.7	10.7
2.3 国民收入（铢/人）	143,612.5	129,164.8	131,140.4	124,447.4	114,883.6
3. 通货膨胀率					
3.1 消费价格通货膨胀 （消费者总体价格指数） （以2007年为100计）	107.96	104.5	105.40	100.00	97.80
年增长率（%）	3.3	−0.9	5.5	2.3	4.7
3.2 整体通货膨胀 （基础消费价格指数） （以2007年为100计）	103.57	102.6	102.30	100.00	99.00
年增长率（%）	1.0	0.3	2.4	1.1	2.3
4. 国际方面					
4.1 出口总额 （单位：十亿美元）	193.6	150.8	175.2	150.0	127.9
年增长率（%）	28.4	−13.9	15.8	17.2	16.9
4.2 进口总额 （单位：十亿美元）	179.6	131.4	175.1	138.4	126.9
年增长率（%）	36.7	−24.9	26.4	9.0	7.9
4.3 贸易差额 （单位：十亿美元）	14.0	19.4	0.1	11.5	0.9
4.4 经常账户 （单位：十亿美元）	14.7	20.2	1.6	14.0	2.3
占GDP的比重（%）	—	8.2	0.6	5.7	1.1
4.5 净流动资金 （单位：十亿美元）	15.9	−1.2	14.6	−2.4	6.8
4.5.1 民间	8.3	−0.3	17.4	1.6	7.2
4.5.2 政府	4.8	−2.3	−2.9	−3.4	−0.9

续表

年度	2010	2009	2008	2007	2006
4.5.3 泰国国家银行	2.6	1.4	0.0	−0.6	0.4
4.6 国际收支经常账目 （单位：十亿美元）	31.3	24.1	24.6	17.1	12.7
4.7 国际储备 （单位：十亿美元）	172.1	111.0	111.0	87.4	67.0
4.8 外汇期货 （单位：十亿美元）	−19.6	−6.9	−6.9	−19.0	−6.9
4.9 未清偿外债（单位： 十亿美元）	96.9	70.0	65.2	61.8	61.0
−政府外债	22.9	15.2	13.1	12.1	14.2
4.10 外债率（%）	4.5	6.6	7.0	11.6	11.2
−政府外债（含国家银行，从1997年始计）	0.7	0.6	0.6	1.0	1.2
5.财政（按财政预算年度计算）					
5.1 现金差额 （单位：十亿铢）	−200.4	−420.3	−24.0	−94.2	4.5
占GDP比重（%）	—	−4.7	−0.3	−1.1	0.1
5.2 政府未清偿债务总额 （单位：十亿铢）	3,917.4	3,665.4	3,118.9	2,948.3	2,892.8
−国内债务	3,639.0	3,248.0	2,692.7	2,482.9	2,331.2
6. 金融					
6.1 狭义货币 （单位：十亿铢）	1,302.4	1,174.6	1,041.2	1,000.0	911.5
年增长率（%）	10.9	12.8	4.1	9.7	2.4
6.2 广义货币 （单位：十亿铢）	11,776.4	10,610.1	9,948.7	9,109.0	8,573.4

续表

年度	2010	2009	2008	2007	2006
年增长率（%）	10.9	6.6	9.2	6.3	8.2
6.3 国内需求：含投资金额（年增长率%）	10.0	4.7	7.7	3.9	1.1
非金融机构的企业部门、家庭部门、非营业机构及其他金融机构的需求（年增长率%）	12.0	3.5	7.5	3.3	3.0
6.4 其他储蓄机构的存款金额（年增长率%）	8.7	5.6	8.5	2.3	7.3
6.5 利息率（截至年底）					
6.5.1 MLR优等客户：最低	6.12	5.85	6.75	6.85	7.50
MLR优等客户：最高	6.50	6.25	7.00	7.13	8.00
6.5.2 一年期定期存款：最低	1.40	0.65	1.75	2.25	4.00
一年期定期存款：最高	1.70	1.00	2.00	2.38	5.00
7. 兑换率					
（平均参考汇率）（铢/1美元）	31.73	34.34	33.36	34.56	37.93

数据来源：泰国国家银行。

一、泰国产业现状

泰国海关2009年数据显示，泰国国内生产总值为90,476亿泰铢，三大产业在GDP的比重为：农业占11.6%，工业占45.1%，服务业占43.3%。

（一）**农业**　农业是泰国传统的经济形式，在泰国经济中居于重要地位。目前泰国是世界著名的稻米生产国、第一大橡胶生产国、第三大木薯生产国。农业产品的出口一直是外汇收入的主要来源之一，其中大米、木薯、橡胶三种产品的出口均占世界第一位，玉米的出口排世界第四位。2009年，泰国农业产值为306.51亿美元，在国内生产总值中占有约11.63%的比例，全年农产品出口达232.96亿美元。农业从业人口占全国就业人数的37.7%。

泰国主要作物有稻米、玉米、木薯、橡胶、甘蔗、绿豆、黄麻、烟草、咖啡豆、棉花、棕油、椰子等。2009年泰国生产稻米3,191万吨、出口值约50亿美元；生产橡胶309万吨、出口值约43亿美元；生产木薯及制品2,787万吨、出口值约15亿美元。同时泰国也是世界市场主要水产制品供应国之一，世界第一产虾国，也是位于日本和中国之后的亚洲第三大海洋渔业国。冻鸡、鸡蛋、冻虾等冷冻制品的出口已跻身于世界10大出口国之一。到目前为止，新开发的水产品、畜产品、水果、蔬菜及花卉植物等已日益成为泰国农业的重要组成部分。

农业生产分为种植业、渔业、养殖业、林业和采矿业。

（1）种植业　泰国耕地面积为2,070万公顷，占全国土地面积的38%。泰国种植业是农业中最重要的部门，以稻米种植业和橡胶种植业为主。大米出口是泰国外汇收入的主要来源之一，其中的茉莉香米是泰国最出名的优质米，也是享誉全球的高档优质米。泰国的橡胶生产占全球橡胶总产量的1/3，种植面积世界排名第二，仅次于印度尼西亚。

（2）渔业　渔业是泰国仅次于种植业的重要农业部门。渔业产品在泰国农业产品出口中位居前列。泰国渔业分为淡水渔业和海洋渔业，其中以海洋渔业为主，主要是海上捕捞，占整个泰国渔业的90%。泰国海岸线长达2,614公里，海上捕捞主要集中在泰国湾海域和安达曼海岸。泰国拥有得天独厚的渔业条件，泰国湾和安达曼海是天然海洋渔场。同时，还有总面积1,100多平方公里的淡水养殖场，主要集中在湄南河流域和中部平原的洪灾区。近年来还大力发展海洋网箱养殖。龙仔厝、北榄、宋卡、普吉等地是重要的渔业中心和水产品集散地。此外还有淡水和海水交汇的咸水渔业，主要集中在沿海海岸，大量用于出口，为国家创汇。如：冰鲜虾、冰鲜墨鱼、冰鲜鱼和其他制成品。

（3）养殖业　养殖业也是泰国农民主要经济来源之一，农业人口中有一半以上的人从事养殖业。养殖业对泰国经济起着举足轻重的作用。随着农业机械化程度的普及和提高，鸡、鸭、肉、蛋等畜禽产品的产量不仅能满足国内市场需求，而且用于出口的量越来越大。近年来泰国家禽产品在主要市场中的竞争力逐渐增强，成为仅次于美国和巴西的世界第三大鸡加工产品出口国。

（4）林业　林业曾是泰国重要的经济支柱，柚木曾与大米、橡胶和锡一起同为泰国四大出口产品，是国家收入的重要来源之一。过去泰国的林业资源非常丰富，占国土面积的一半以上，因此全国各地都有不少锯木厂和木材加工厂。后来随着经济的发展，乱伐森林的现象非常严重，加上种植面积的扩大、森林火灾以及各种公共基础设施的建设，使得林地面积日益减少，从1961年的53.3%减少到1999年的25.1%。泰国政府于70年代初逐步颁布了一系列减少林木砍伐量的法令，并于1989年颁布了伐木禁令，林木产品的数量大幅度下跌，使得林业在泰国经济的作用下降，更多地依靠老挝、缅甸等邻国。目前泰国政府严禁出口各类的木材加工制品。

（5）采矿业　采矿业过去曾在泰国经济中占重要地位，是国民经济的重要组成部分。泰国矿产资源比较丰富，主要有钾盐、锡、褐煤、油页岩、天然气，还有锌、铅、钨、铁、锑、铬、重晶石、宝石和石油等。其中钾盐储量4367万吨，居世界第一，锡储量约120万吨，占世界总储量的12%。有多种矿藏的开采，尤以锡开采最早。近些年，氟石、石膏、褐煤的开采后来居上，比锡的产量更高。另外，其他一些矿产品的产量也有大幅增加，如铁、锑、锌、锰等。对这些矿产品的开采主要源于国外需求，本国的消费水平目前很低。目前石油开采也刚刚起步。锡和钨是泰国传统的矿产品，其中锡的产量最高，位居世界第三位。其次是氟化物，主要用于钢铁工业、化工工业和铝业。泰国也是世界公认的重要氟化物产地。但随着近几年国内经济的发展和国际经济形势的变化，泰国采矿业的地位日渐衰落。在采矿业中前景乐观的首推石油开采。

（二）工业　　泰国工业在传统上与农业密切相关，自二次世界大战后到20世纪50年代后期，泰国工业主要是碾米、锯木、榨糖、制冰、麻袋编织、烟叶烘烤等较小规模工厂和家庭手工作坊式工业，生产以供应国内需求。1961年起泰国实施国家社会与经济发展计划，从此泰国工业才开始起步，步入工业化进程，现已完成从农业国向新兴工业国的转变。目前泰国工业部门是国家收入的最主要来源，工业产品在GDP的比重排首位，其中最重要的是制造业和建筑业。泰国工业化进程的一大特征是，充分利用其丰富的农产品资源发展食品加工及其相关的制造业。制造业已成为比重最大的产业，且成为主要出口产业之一。主要工业门类有：纺织服装业、汽车摩托车装配及零配件工业、电子电器工业、软件工业、石化工业、食品加工业、轮胎工业、建筑材料与建筑机械工业、鞋类、家具、珠宝、玩具、皮革制造业等。电子电器工业、石油化工业、食品加工业、水泥建材工业，以及鞋类、珠宝首饰、皮革制品和家具等成为泰国主要出口产品生产行业。

（1）纺织服装业 泰国政府2004年2月投资4,500万美元启动了"曼谷时装之都"项目，以推动泰国成为地区时装潮流引领者、品牌的设计者和生产者，并到2012年成为世界时装中心之一，大力提升泰国纺织服装业的竞争力。随着2005年全球纺织品贸易取消配额制，泰国积极调整方向，向休闲类服装发展。

（2）汽车工业 汽车工业始于20世纪60年代，经过40多年的发展，泰国已成为东南亚汽车制造中心和东盟最大的汽车市场，汽车工业已发展成为泰国第一大支柱产业。 汽车及摩托车装配业更制定成为"东方底特律"的发展目标。

（3）电子电器业 电子电器业是泰国最重要的制造业部门之一，电子电器产品已成为泰国第一大出口创汇产品，占泰国出口总额的32%。该行业是泰国吸收外资最多的行业之一。其产品主要供应出口。

表2-2 泰国工业产品种类

工业门类	产品种类
1. 食品饮料业	罐头食品、奶制品、砂糖、植物油
2. 纺织业	纱线、麻袋、成衣
3. 木制品业	木地板、胶合板、家具
4. 造纸业	纸浆、包装纸、印刷纸
5. 石油化工业	炼油、民用煤气、烧碱、硫酸、化学肥料
6. 基础金属业	钢条、亚铝铁板、铝制品
7. 非金属工业	水泥、陶瓷、卫生洁具、玻璃、镜子、珠宝
8. 机械业	汽车装配、农业机械、抽水机、汽车零配件
9. 电器业	冰箱、电视、收音机、空调、电路板
10. 皮革与橡胶制品业	鞋、箱包、橡胶板、橡胶块以及各类橡胶制品
11. 为旅游业服务的产业	宾馆、酒楼、纪念品

（三）服务业 服务业是泰国经济的重要组成部分，吸收了40%的劳动人口就业，世界银行称泰国服务业是"创造就业

岗位的主导产业"。服务行业涵盖了包括物流、公益事业、通信、航空服务、金融银行、旅游、酒店、医疗、影视制作、广播和娱乐等，劳务中介、信息共享业务、教育和咨询等附属产业也被包括进来。

泰国服务业部门伴随着工业化的进程快速发展，服务业的产值和就业比重总体上趋于上升。目前泰国服务业已经形成吸收约1,260万从业人员，就业需求以每年5%速度递增的发展规模。服务业各部门发展迅速，金融服务业的产值不断上升，航空业不断提高工作效率，电信服务业稳步发展。

旅游业是泰国服务业中的支柱产业，十分发达。其中包括酒店服务业、旅行社、餐饮业、娱乐业与纪念品销售业，等等。1959年以来泰国政府采取了许多吸引游客的措施，使游客人数有了很大增长。经过数十年发展，泰国旅游业已形成一定规模，已是泰国外汇收入的主要来源之一，其巨额外汇收入在泰国经济中占有重要的位置。目前旅游业的产值约占国民生产总值的6%左右。2005年旅游业收入为4,300亿泰铢，游客人数为1,210万人。

泰国地理位置优越，旅游资源丰富，自然环境宜人，有山有水，泰国湾和安达曼海的海岸线分别长达1,840公里和805公里；具有独特的历史、文化和持续相传的风俗习惯；是东南亚地区的陆路和航空交通枢纽，国内拥有高效的交通运输网、良好的基础设施以及齐全的配套设施；设施舒适的购物环境、丰富的夜生活、低廉的消费；加上泰国人民的真诚好客、高质量的服务，政府的大力支持与推广，泰国成为备受欢迎的东南亚热点旅游地区，在亚洲地区一直是最受游客喜爱的国家之一，曾获得"2002年世界上最值得旅游的国家"称号。2012年，曼谷获"亚太地区最受欢迎旅游城市"称号。

随着旅游经济的发展，泰国政府对旅游业的管理也在不断加强，管理职能由单一的市场促销逐渐扩展到行业管理，从上到下形成了一套集权式的旅游管理体制。泰国最高层次的旅游管理机构是旅游管理委员会，它由内务部、交通部、外交部、国家环境委员会、国家经济和发展委员会、立法委员会的高级官员和泰国航空公司总裁、泰国旅游局局长以及行业工会领袖等人士组成，管理和监督旅游局的工作等。泰国旅游局是旅游委员会领导下的旅游行政管理机构，其职责包括市场促销、投资引导、信息统计、教育培训、行业管理、景点开发、受理游客投诉等。泰国旅游局每年都要制定年度计划和发展战略，通过广泛的宣传，引导企业的投资方向和经营方式。同时，泰国旅游局对旅行社、饭店等旅游企业实行严格的管理，保证了旅游行业的服务质量。泰国的地方旅游机构由泰国旅游局直接设置、派驻人员并提供经费。此外，泰国建立了专门的旅游警察队伍，随时为世界各地的游客提供免费而周到的服务。

二、对外经济关系

（一）对外贸易

泰国实行自由经济政策，属外向型经济国家，对外贸易一直在泰国经济中占有重要地位。随着国家经济与社会发展计划的实施，对外贸易的增长逐年加大，由1961年增长30%，分别上升到1990年的75.8%和2001年的110%。

出口贸易是泰国传统经济支柱，出口总值占国内生产总值的70%，是泰国经济发展的重要驱动力。自70年代以来，泰国政府开始实施出口外向型发展战略，重视出口产业。特别是近年来，泰国政府制定了一系列政策和措施以大力开拓国际市场，促进出口，商业部出口促进厅通过频繁地举办各种商品展览会积极组织企业界赴国内外参展、开展产品促销等活动；同时鼓励出口企业提高产品质量、改善商品款式；在继续巩固东盟、美国、欧盟、日本等主要传统出口市场的同时，着力开拓如中东、中国、印度、非洲等新兴市场；积极推动自由贸易区的建设；积极参加区域性经济合作等。上述措施大大有利于促进泰国出口贸易的增长。海关统计显示2009年泰国出口缩减持续好转的情况，在4月出口下降26.1%之后，每月出口额都呈回暖趋势，出口增幅也同时回升，至11月出口增长达17.2%，使得2009年出口总额达1,525.024亿美元，比2008年下降14.2%。在2009年出口总值中，工业产品占76.3%，农产品占10.8%，农业加工产品占7.4%，矿产品与能源产品占5.5%。

排名前十位的出口商品包括计算机及零部件、汽车及零配件、珠宝饰品、印刷电路板、成品油、稻米、钢铁及制品、橡胶制品、化工产品和塑料粒料。

前十大出口市场依次是美国、中国、日本、中国香港、澳大利亚、马来西亚、新加坡、越南、印度尼西亚和英国。

2010年上半年泰国出口在世界经济形势好转、自贸区刺激出口需求等有利因素支持下呈现良好态势，平均增长36.6%。下半年全球经济放缓和泰铢持续走强成为导致泰国出口趋缓的主要风险因素。而多家大型跨国公司将生产基地迁移至泰国的计划取得进展以及农产品价格趋向回升则是有利于出口增长的支持因素。

泰国进口商品主要是生产资料、原材料、能源和消费品。海关统计显示2009年泰国总进口价值为1,337.959亿美元，比2008年下降25.3%。

排名前十位的进口商品包括原油、机械及零部件、电机械及零部件、化工产品、电路板、钢铁及制品、计算机及零部件、珠宝饰品/银锭/黄金、金属矿石/废金属及制品和农作物及制品。

前十大进口来源地依次是日本、中国、马来西亚、美国、阿联酋、新加坡、韩国、中国台湾、沙特阿拉伯和印度尼西亚。仅从日本、欧盟、东盟、中国和美国市场进口的商品占了进口总值的65.23%。

（二）外商直接投资

泰国重视吸引外资，出口和外资是目前泰国经济发展的两个重要组成部分。1959年，泰国投资促进委员会（BOI）成立，作为泰国吸引外资的管理机构。泰国促进投资委员会（BOI）的主要职责是促进泰国的投资事业、制定优惠政策、向投资者提供奖励并为投资者提供相关的服务，并根据经济和投资形势的发展，不定期调整投资优惠政策。总部设在曼谷，在全国有7个分支机构，13个海外机构。泰国促进投资委员会由总理任主席。

自1961年起泰国实行开放的市场经济政策，鼓励外商来泰国投资，采取一系列优惠政策，包括允许外国企业拥有土地，外商可自由将所获利润汇往国外，对进口原材料实行免税，解除外汇管制等。同时不断完善基础设施，创造良好的投资环境，吸引了大量外国资本。从70年代至今，泰国的促进投资优惠政策根据国家经济的发展和需要不断改进，泰国投资促进委员会（BOI）对鼓励投资的产业分别提供了不同程度的税收优惠和支持服务，对外商直接投资的长期增长起到了重要作用。尤其是1988年至金融危机这一时期，泰国吸引外资发展迅速，吸引外资金额达到50.79亿美元，为历史最高峰。1997年泰国遭受严重金融经济危机，外国来泰国投资大幅度减少。1997年金融危机以后，为适应世界经济及投资形势的变化，更多地吸引外资，BOI先后多次公布新的鼓励政策和措施，最新奖励投资的政策及条例是于2000年8月1日公布的。修改优惠政策的重点放在放宽对投资领域的限制、重点扶持产业政策、进一步减免设备和原材料进口关税、进一步减免企业所得税、放宽对外国人持股比例的限制、准许外国人购买房地产和鼓励出口措施等方面。

此外，从2002年9月19日起，泰国取消了对投资项目指定区域的规定，获奖励投资的项目可在全国各区设厂，免税优惠按工厂所在区的规定获得。对环境有影响等项目另作特别规定。2004年12月进一步提出各种投资奖励措施，如外资到泰国最高可享受8年的免税优惠，进口设备免进口关税，可以独资、可拥有土地并获得泰国居留权，比以往放宽许多。另外，为使高技术人员进出泰国更便利，泰国BOI可以在3小时内帮助取得签证。

泰国投资促进委员会（BOI）发布的报告显示，2009年泰国外商直接投资（FDI）的获准项目共有614个，同比萎缩26.7%，总值达1,420.77亿泰铢，同比萎缩59.5%。外商直接投资的第一大来源国是日本，达到243个项目，投资总额为589.05亿泰铢。外商直接投资的第二大来源国是美国，共37个投资项目，投资总额为255.91亿泰铢。外商直接投资的第三大来源国是新加坡，共49个投资项目，投资总额为146.99亿泰铢。2009年泰国外商直接投资统计显示，服务业和公共事业首次成为最吸引外商投资的行业，投资项目为165个，占总投资项目的26.87%。依次为：原第一大投资行业的金属品、机械、运输设备行业157个项目，占25.57%；电子和电器工业108个项目，占17.59%；化工、造纸和塑料行业63个项目，占10.26%；农业和农产品加工业60个项目，占9.77%。

目前对泰国主要投资国家和地区是：日本、美国、中国台湾、中国香港、欧盟、新加坡、英国、法国、新西兰等。主要投资领域为：服务业、石油开采、采矿、重型化工、汽车和摩托车装配及零配件制造、电子电器、公共设施、农业加工、造纸和塑料等。

泰国投资促进委员会（BOI）的报告显示，2010年泰国共接受来自外商的投资优惠申请项目866个，同比增长10%；涉及投资额3,511.42亿泰铢（约合115.7亿美元），同比降低32.7%。其中，投资额在1亿铢以下的小型投资项目占项目总数的65.8%；追加投资项目投资占总投资额的72.6%；投资较为集中的前两大行业分别为电子电器和钢铁机械，分别吸收外资622.9亿泰铢和586.6亿泰铢，占投资总额的26.4%和24.8%。

2010年，在泰申请投资优惠最多的前五大国家和地区分别为：日本、欧盟、开曼群岛、新加坡、中国。其中，日本共申请投资优惠项目364个，占泰国所有外资申请项目的42.0%；涉及投资额1,044.4亿铢，占泰国外商投资总额的44.2%。中国申请优惠项目31个，占泰外资项目的3.6%，同比增长24%；涉及投资额106.98亿铢，占泰外商投资总额4.5%，同比降低75%。

2010年，泰国吸收外资项目数呈小幅增长，投资额同比下降，但总体延续了近几年高位稳定的发展态势。主要的原因是：一、自贸区优势的影响，中国—东盟自贸区从开始实施（2002年）到全面建成（2010年），预期影响及实施效果显著，泰国与日本、韩国、澳大利亚、新西兰和印度等国自贸区建设进展顺利，市场辐射能力持续增强，自贸区中心地位不断提升；二、政策优势，泰国政府根据经济发展需要，划分出覆盖全国76府、层次不等的3级投资优惠区域，建立了包括国有、民营等在内的100多个工业园，在税收、行业准入、设备引进、土地出让等方面广泛实施优惠举措，加大招商力度，成效显著。

（三）自由贸易区（FTA）

泰国积极推动双边自由贸易区策略，通过与贸易伙伴国进行消除关税及非关税壁垒（NTBs），实现商品贸易自由化来扩大泰国的出口市场和原材料来源，同时开放服务业，促进投资增长。迄今泰国已与澳大利亚、新西兰、日本和印度签订了双边自由贸易协定。同时，泰国还签署了东盟自由贸易协定，并作为东盟成员国参与签订了东盟—中国、东盟—日本、东盟—韩国、东盟—印度、东盟—澳大利亚—新西兰自由贸易协定。

表2-3　至2010年泰国自由贸易协议签署情况

已生效的自由贸易协议	生效日期	正在商谈中
东盟自由贸易协定	2010年1月1日	泰国—文莱自由贸易协定
泰国—印度自由贸易协定	2004年9月1日	孟加拉湾多边技术经济合作协定（BIMSTEC）
东盟—中国自由贸易协定	2010年1月1日	
泰国—澳大利亚自由贸易协定	2005年1月1日	
泰国—新西兰自由贸易协定	2005年7月1日	
东盟—澳大利亚—新西兰自由贸易协定	2010年1月1日	泰国—欧盟自由贸易协定
泰国—日本自由贸易协定	2007年11月1日	
东盟—日本自由贸易协定	2009年6月1日	泰国—巴林自由贸易协定
东盟—韩国自由贸易协定	2010年1月1日	泰国—美国自由贸易协定
东盟—印度自由贸易协定	2009年8月13日	东盟+3（中、日、韩）自由贸易协定
		东盟+6（中、日、韩、印、澳、新）自由贸易协定等

第三章

社会文化

✂ 本章导读

☆泰国这个充满佛教色彩的国家，它的多数节日也无可避免地带上了宗教的色彩。在这片充满风情的神奇土地上，林林总总的节日有几十个，绚丽多彩。泰国的美食，正如泰国的服饰、泰国的风景，浓墨重彩，色味俱全，令人食指大动。泰国的文化一言难尽，在于其历史根源源远流长，宗教色彩汇进民众的教育，其独特的民风民俗，令人流连忘返，也令人回味再三。

第一节 节日与美食

一、形式多样的节日

节日，是民族精神和情感的重要载体，是民族历史和文化的结晶。节庆中的各项活动所负载的文化信息，往往比史书更生动、更具体。随着社会的发展和时代的进步，泰国节日文化的内容不断得到充实和传承。

一年里泰国有着形式多样的节假日，节庆活动丰富多彩。其中，有独具特色的传统节日、色彩浓郁的宗教节日，有生产性的节日、纪念性的节日和王室的节日，等等。由于泰国是以佛教为文化传统的国家，一些传统的节日开始时和佛教没有直接关系，但在发展演变过程中，逐渐被赋予了佛教的文化内涵。

泰国的法定节假日包括两类，一类是全民放假或部分公民放假的节日及纪念日如：

元旦——公历1月1日 全民放假一天

万佛节——泰历3月15日（公历一般在2月） 全民放假一天

万佛节是泰国重要的佛教节日之一。传说这一天正值3月月圆时，有1250位罗汉不约而同地在同一天来到摩揭陀国朝拜佛陀，佛陀见到他们十分高兴，向他们首次宣讲教义。笃信上座部佛教（也称小乘佛教）的泰国佛教徒视该次集会为佛教创建之日，进行隆重纪念。

从1913年起，泰国政府将这一天定为公众节假日，政府部门、学校举

万佛节

行庆祝仪式，国王及王室成员分别到各大寺院参加庆典，善男信女们则带着鲜花、香烛和施舍物品到附近的寺院礼佛，膜拜三宝，点香燃烛，听经等，晚上有巡烛活动。节日当天，全国各地悬挂国旗，禁酒一天，因此，所有的商店、饭店停止销售酒类饮品，各酒吧歇业一天。

曼谷王朝建都纪念日——公历4月6日　全民放假一天

1782年4月6日，为曼谷王朝拉玛一世加冕登基日。拉玛一世建都曼谷，开创了曼谷王朝。1919年拉玛六世执政时，正式将4月6日定为建都纪念日。

宋干节——公历4月13—15日　全民放假三天

宋干节是泰民族传统的"新年"。这个节日的主要娱乐活动是"泼水"，故也称为"泼水节"。"宋干"一词出自梵文，意思是"转移、变换"，是从婆罗门教的历法里来的，表明太阳每个月都从一个星座运行到另一个星座，当"太阳离开双鱼座运行到白羊座"时，正好是4月，是北印度的新年。因泰国受印度文化的影响，也将4月作为泰国的新年，并规定每年的4月13—15日为"宋干节"。加上4月份正是泰国一年中最炎热的月份，也是人们忙完一年的农活，养精蓄锐为下一年取得更大的丰收而作准备的季节，这时举行庆祝活动，有求雨保丰收、迎接新的一年到来的意义。因此宋干泼水这个风俗就一直延续至今。

宋干节有除旧迎新的含义，节前人们纷纷打扫庭院，清洗污垢，备好各种行善积德的物品，以清爽、整洁的面貌迎接新一年的到来。

4月13日这一天，天刚破晓，街道上就热闹起来了。最早出现在街头的是托钵化缘的僧人或沙弥，这也是泰国的一个传统风俗。他们身披黄色的袈裟，走街穿巷，每到一处，总有许多人争相施舍，有的大户人家还在街头摆了一张长桌子，全家人排成一列，轮流向僧人施舍大米、日用品、荷花，等等。佛教徒每逢节日或生日甚至平日，所做的第一件事就是积善，连四五岁的孩子，也加入大人

宋干节

行列，这些幼小的心灵从小就受到佛教的熏陶。也有的泰人全家一早到佛寺去斋僧行善，而僧人用树枝把浸着花瓣的圣水，洒到善男信女的头上以祝福吉祥平安，然后又从佛殿的宝座上将佛像请到大院的中央宽广处，让人们给佛像举行"浴佛"仪式。

"浴佛"含有"纯洁"之意，表示消除邪恶，祈求吉祥。信徒为佛洗尘，犹如行善积德。期间也可以看到很多善男信女在"放生"，不管是放鸟、放鱼或放小龟，都是让有生命的生物逍遥自由，佛教徒在做积功德的善行以求好运。

"滴水礼"是节日中的一项重要礼节。孩子们不管身居何处都要赶回家向父母、长辈行滴水礼。行礼时，先向长辈合十祝福，然后用准备好的净水或香水在长辈合十的手掌中滴上几滴水，以感谢父母的养育之恩。长辈则用滴过水的手抚摸晚辈的头，并祝晚辈新年幸福。

"堆沙塔"是宋干节的活动之一。按照习俗，这一天，人们带着盛沙器皿去河中搬来沙子放在佛寺中，并把沙堆成一个个沙塔，插上彩旗和鲜花，祈求佛祖赐给平安幸福。

泼水活动是节日的主要活动，街头巷尾摆着装满清水的缸，人们手携水桶和银钵，互相淋洒，有时远远泼来水花飞扬，有的

在小货车上放上大水缸，边行边向两旁人行道上的行人们或观看的人泼水，甚至与迎面开来的车上的人们对泼。这里真是一个水的世界，无论是鬓发斑白的老人，还是天真烂漫的孩子，人人头发滴水，个个浑身湿透；水给人们带来了欢乐。

在宋干节，除了传统的风俗庆祝和泼水活动外，还有花车游行、击鼓比赛、音乐演奏、民族歌舞、泰剧、皮影戏、游艺活动、展览、选美等节目。这些节目丰富多彩，使节日倍添热闹。

劳动节——公历5月1日　各行业的工人放假一天

泰国国王普密蓬·阿杜德登基纪念日——公历5月5日　全民放假一天

1950年5月5日，国王普密蓬·阿杜德陛下登基继承王位。节日当天各地悬挂国旗。上午王室进行僧侣布施；中午，海陆军各鸣礼炮21响以示敬贺。此外，还会举行泰皇陛下向优秀人士钦授五世王勋章。

开耕节——公历5月　全民放假一天

五月正值泰国雨季的开始和稻米播种的季节，因此，开耕节定在每年的五月，但无固定日期。古时是由婆罗门祭司选择黄道吉日，现在是皇家事务办公室选定吉日后公布，并由泰国国王在皇家田广场亲自主持春耕大典。人们以此大典来祈求天神，保佑农家风调雨顺、五谷丰登，这一天也是一年开始种植水稻的标志。

佛诞节——泰历6月15日（公历大约在5月或6月）　全民放假一天

佛诞节是泰国重要的佛教节日之一。上座部佛教认为，虽然释迦牟尼的"诞生"、"成道"和"涅

佛诞节

槃"的年份各异，但日期都在阴历6月15日，因此，佛诞节就是把释迦牟尼的诞生、成道和涅槃并在一起的纪念日。在所有佛教节日中，佛诞节最为隆重，庆祝活动通常持续三天。晚上大小佛寺都要巡烛。佛寺在节日当天要悬挂彩旗，举行斋戒、放生、诵经法会，以各种名香浸水洗浴佛像，故又称为"浴佛节"。

三宝节——泰历8月15日（公历大约在7月或8月）　全民放假一天

三宝节是泰国重要的佛教节日之一。每年泰历8月15日，即守夏节的前一天，是佛祖成道后首次传道的日子，有了第一个佛门弟子的日子，世上出现第一个和尚的日子，是佛教"三宝"（佛、法、僧）都齐备的日子。届时，各佛寺都举行仪式。

守夏节——泰历8月16日（公历大约在7月或8月）　全民放假一天

守夏节源于古印度僧尼雨期禁足安居的习俗。泰国的守夏节亦称作守居节、入夏节、入雨节等，是泰国重要的佛教节日之一。每年泰历8月16日至11月15日的三个月期间，僧侣们要安止于寺庙中，一为潜心研究佛法和修身养性；二为不出门，以免误伤草木虫鸟，

守夏节

在无意中触犯"不杀生"之戒。因为此时正值雨季，是万物生长的季节，所以也称为雨安居期。泰国政府规定守夏节全国放假一天，以便人民参加守夏节活动。

守夏节前，僧侣要清扫寺院和僧舍。守夏节之日，全寺僧人举行入夏安居仪式，礼佛诵经并诵念"贫道将在此寺守夏安居三个月"三遍，然后一般僧人向高僧忏悔过失。之后，各寺院和僧人互送鲜花、香烛，互致敬意和忏悔。仪式后，僧人开始安居修学。

平民百姓则在守夏节早晨到寺院施斋，所施斋饭除新鲜饭食菜肴外，还奉献蜡烛及牙刷、牙膏、肥皂、浴巾等日用品，并且制作可燃三个月之久而不熄的巨大蜡烛，敲锣打鼓送到寺庙，供僧人在守夏节诵经时使用。傍晚，人们手持鲜花和点燃的蜡烛，在寺院举行隆重的巡烛仪式，守夏节活动达到高潮。

在守夏节期间，许多善男信女将剃度出家三个月，或天天聆听僧侣诵经，或在家中持守佛律八戒。

诗丽吉王后诞辰（母亲节）——公历8月12日　全民放假一天

8月12日是泰国诗丽吉王后的生日，也是泰国的母亲节。人们将清香洁白的茉莉花作为"母亲之花"，儿女们双手敬给母亲以表达感激之情。

五世王逝世纪念日——公历10月23日　全民放假一天

曼谷王朝的第五世王朱拉隆功王（1853.9.20—1910.10.23）在位的42年中，提倡科学、鼓励教育、改革经济、革新税制，深入民心，被臣民尊称为"国父"。在纪念日当天，国王、王室成员每年都向"五世王御马铜像"纪念碑敬献花环，政府各部门及学校都到五世王御马铜像前献花环、上香、明烛和膜拜。

国王诞辰日（万寿节、父亲节、国庆节）——公历12月5日全民放假一天

12月5日是国王普密蓬·阿杜德陛下（1927年—）诞辰日，故称万寿节。1959年，泰国政府废除了以1932年6月24日建立君主立宪制的日子为国庆纪念日的规定，决定以国王的生日为国庆纪念日。1981年，泰国政府又将12月5日定为父亲节。节日期间，曼谷的大街小巷都悬挂国王普密蓬·阿杜德和王后诗丽吉的肖像，主要街道、广场张灯结彩，鸣放礼炮、烟花；在五世王铜马广场举行一年一度的庆祝国王生日的盛大阅兵仪式，政府及民间也举行各种庆祝活动。

宪法纪念日——公历12月10日　全民放假一天

1932年6月24日，泰国结束了长达700多年的君主专制政体，改行君主立宪制。并于三天后颁布第一部暂行宪法，规定国家最高权力为全民所有。同年12月10日，泰王陛下颁布了一部正式的宪法，规定以国会组织的形式管理国家。宪法的颁布，标志着泰国迈进民主时代。为纪念这一伟大变革，政府规定每年的12月10日为"宪法纪念日"。

新年除夕——公历12月31日　全民放假一天

此外，泰国还有许多不放假的节日和纪念日。如：儿童节——公历1月的第二个星期六；教师节——公历1月16日；三军节——公历1月25日；科技节——公历8月18日；青年节——公历9月20日，等等，其中，以下节日是全民参与的：

解夏节——泰历11月15日

又称"出夏节"，是重要的佛教节日之一。意味着为期三个月的守夏节结束，结束的那一天，称为"解夏"，僧人可恢复正常外出。这一天，平民百姓纷纷到寺院进行施斋、听僧人诵讲佛经。

在解夏节后的一个月内，人们还要向僧侣敬献袈裟和其他生活用品，因此也称为"供衣节"或"施布礼"，这项活动被认为是一项重大的善事活动。

自古至今，每到供衣节，皇家贵族都要主持隆重的奉献仪式，地方官员也把献僧衣视为行政工作的一部分。在城乡社区中更被视为重大节日和生活中的大事。供衣节通常会有游行队伍，游行的人们往佛寺献衣之前，总要走过城里或村里的街道，敲打锣鼓、击钹、吹喇叭，十分热闹。到达佛寺，就将僧衣和生活用品抬进主要殿堂上放好，行三皈礼仪，随后，僧侣们用巴利文诵唱五戒。

水灯节——泰历12月15日

水灯节是泰国民间最富有意义且多含神庆的节日。在每年的泰历12月15日月圆的夜晚举行。这一时期，泰国正是河水高涨，月儿清辉的美好季节。

水灯节的起源，有着许多的传说，有人说源自印度，是一种祭祀佛陀脚印的活动；有的认为是报答河神赐水的恩泽和请求水患不再的举动；还有人认为是一种祭拜祖先的方式。但大多数泰国人认为，水灯节源自素可泰王朝，有素可泰王朝时期的文学作品《喃诺帕玛》为证。书中记载了素可泰王朝时期，有位名为诺帕玛的贵妃，心灵手巧，极富艺术天才，她从印度婆罗门教的漂灯笼仪式中得到启发，别出心裁地用香蕉叶折叠成了一盏莲花形的灯船，插上鲜花，点着香烛，放入河中，使其随风漂浮，以表示对佛祖和河神的感谢之情。国王见后大喜，下令在水池中央修建观灯台以便于观看水灯。从此，每逢12月盈月晚，月光皎洁，波光粼粼，妃子宫女们身着节日盛装，把各自精心制作、鲜花装点的水灯放置水中让其漂浮，闪烁着烛光的水灯争妍斗艳，美不胜收，国王、王后观灯取乐。后来，水灯流传到民间，成为全国性的传统节日。

放水灯的含意也随着时代的变迁而不断扩展，如农民放水灯是感谢河神给予他们充沛的水源，灌溉庄稼，并祈求来年风调雨顺；青年男女寄语水灯是希望自己能找到如意伴侣；佛教徒则祈求灾祸随水飘去，幸福随波而来。

如今，泰国庆祝水灯节最
热闹隆重的地方，就是水灯发源
地素可泰王朝的古都——素可泰
城，古城中有座古寺，坐落于湖
中间的小岛上，市民和游客在节
日中，聚集于此，漂放水灯。

水灯节

一年一度的水灯节，遍及
全国各地。白天，《漂水灯》的
欢快乐曲不绝于耳；入夜，只见
人潮都涌向河畔或港渠、湖滨，凡有水的地方，都挤满了放水
灯和看水灯的人群。水灯旖旎多姿，充满罗曼蒂克气氛，大小
江河灯光点点，青年男女情意绵绵，双脚跪在岸边，点燃水灯
中的蜡烛和香，小心翼翼地将水灯放入水中，双手合十，默默
地祈祷远去的水灯带走一切灾难，把幸福留给他们。老人们则
向皇天后土及水神答谢一年来赐予食用水源，并对丢进江河污
秽物而表示悔过，相信一切可能降临的苦难都会流进江河的深
处，孩子和家庭因此获得安宁。

二、颇具特色的美食

民族的因素、地理环境和气候条件给人们的衣、食、住、
行以巨大影响。泰国湿热、高温、没有四季寒暑变化的气候和
三面环海、雨量充沛、土地肥沃的自然地理，使这里的人民以
种植水稻及其他农作物为主，海产品十分丰富。泰国人的传统
饮食比较简单，主食为大米，一日三餐。北部和东北部人喜食
糯米和生食蔬菜，中部和南部以大米为主，常以虾酱、辣椒和
鱼佐饭。

古时，泰国人的进餐方式是围成一圈席地而坐，菜肴摆放

在中间，以芭蕉叶盛饭。吃饭时，用右手抓起捏成小团后才送入口中。随着社会的发展，泰国人已改用饭桌吃饭，进餐时将饭盛在圆碟中，使用勺和叉子，同时要有一杯盛满冰块的纯净水或饮料。在饮食特点方面，泰国菜素以色、香、味闻名，口味以辛、辣、酸、甜、香为主。配料丰富且十分讲究，常用的配料有：蒜头、辣椒、青柠、香茅草、红葱头、黄姜、南姜、胡椒、薄荷叶、金不换、椰奶、咖喱、鱼露、虾酱等。在烹饪手法上，以煮、炸为主，极少用盐，食物中的咸味来自鱼露。因此，鱼露与泰国人的生活息息相关，就连出国旅游也忘不了带上一小瓶鱼露和辣椒。泰国人不习惯将食材切大块来吃，喜欢将肉切成肉片、肉丝或肉末，常将各种色彩不一的蔬菜炒作一碟，色泽清新艳丽。泰国特色的主要菜肴有：咖喱蟹、咖喱鸡、炸虾（鱼）饼、酸辣杂菜汤、椰奶辣鸡汤、竹笋辣鸡汤、茄子辣鱼汤等。泰国菜中的汤实际上是浓稠的汤汁，通常由蒜头、辣椒、香茅草、芫荽根、芫荽籽、黄姜、南姜等放入石臼捣碎成辣椒酱（可根据口味增减配料），再加入椰奶或咖喱慢火熬制，最后放入肉类和蔬菜煮至熟。泰国人喜欢将带有浓稠汤汁的菜肴浇在白饭上用以拌饭吃。

其中最具代表性的菜肴是：

冬荫功汤

冬荫功汤实际上是酸辣虾汤。汤由香茅草、南姜、酸陈叶、辣椒酱、青柠檬、鱼露等调制而成，分为清汤和浓汤两种，浓汤内加入了椰奶，口味更加浓香。放入鲜虾或鱼片，上桌前放入少许芫荽，一锅热气腾腾、

冬荫功汤

香气四处弥漫的冬荫功汤就做成了。初尝时，一股辣味冲上脑门，细品尝，原来酸辣之外还有海鲜的鲜美，柠檬的清新，喝一碗又酸又辣的冬荫功汤实在是开胃的好享受。

青咖喱鸡汤

青咖喱鸡汤是泰国人餐桌上常见的菜肴，主要材料是鸡肉、青咖喱辣酱、青长辣椒、绿朝天椒、香茅草、酸陈叶、金不换、椰奶、泰国圆茄子、扣子茄等（也可将鸡换成肉做成青咖喱肉汤）。由于青咖喱鸡有浓浓的汤汁，泰国人喜用于拌饭吃。

青咖喱鸡汤

青木瓜沙拉

青木瓜沙拉是泰国东北部百姓餐桌上的日常菜肴，常与烧鸡和糯米饭搭配着吃。青木瓜沙拉的做法简单，即将青木瓜丝、小辣椒、大蒜、虾米、青柠片、青豇豆和小番茄放入石臼内稍加捣拌，然后加入鱼露、棕榈糖和青柠汁调味，最后洒些花生碎就成了白、红、绿相间，清爽酸辣，

青木瓜沙拉

令人垂涎欲滴的青木瓜沙拉。现在，青木瓜沙拉已成为曼谷最常见的路边小吃，不仅受到泰国人的追捧，还是各国游客青睐的泰国特色菜肴。

此外，特别值得一提的是泰国的蘸酱。蘸酱是吃泰国餐时不可或缺的组成部分。因为，菜肴是否可口，很多时候取决于蘸酱，可以说泰国菜的精髓皆在酱中。泰国的蘸酱品种多，制作手法考究，不同的菜肴要配不同的蘸酱，但任何一种蘸酱都离不开蒜头、鱼露、辣椒和青柠檬。一般油炸食品如：炸虾（鱼）饼、烧鸡等，所用的蘸酱是辣中带甜；生食的各种蔬菜喜用虾酱调制的蘸酱。

泰国人偏爱甜点、小吃。漫步在泰国街头，走过大街小巷，将随处可见各式风味小吃。泰国的小吃多以炸、烤为主，如路边摊的烤鱿鱼、炸粉蕉、烤芭蕉、炸芋头丝等。甜点多以蒸、煮为主，材料主要以米、椰子、绿豆、糖和水果组成，品种繁多，小巧精美，做工考究，色泽诱人，颇具特色，且价格低廉，深受广大群众的喜爱。常见的甜点小吃有用蛋黄、糖浆和面粉做成的圆球状的甜蛋丝、蛋黄花、蛋黄球、蛋黄塔等。由于色泽金黄，温润甜美，寓意吉祥、富有，这些甜点常被用作喜庆及婚庆上的必备甜点。清香宜人的椰奶是泰国点心的重要的组成部分，几乎每一款甜点都有椰奶的存在。如：椰奶西米、椰奶芋头球、椰奶粉蕉、波罗蜜椰奶、椰奶马蹄糕等。用各种水果制成的甜点主要有：粉蕉糯米粽、榴莲糕、糯米芒果、糯米榴莲等。其吃法是将浓浓的椰奶浇在雪白的糯米上，然后与金黄色的芒果肉或榴莲一起吃。味道浓郁，甜美可人，很受泰国人及游客的喜爱。用绿豆做的甜点数"露楚"最为精致。"露楚"是用绿豆沙捏成一厘米大小的各种蔬果状，着上食用色素就成为红的草莓、紫的山竹、绿的芒

榴莲

果和黄的香蕉等，一个个晶莹闪烁，宛如精美的工艺品，光看着就是一种视觉的享受。

泰国有"水果王国"的美称，品种繁多的热带水果是泰国的特产之一，不少水果远销欧美和亚洲各国。泰国的水果分长年水果和季节性水果。长年水果有：香蕉、柑、桔、西瓜、木瓜、椰子、菠萝、石榴、菠萝蜜等。季节性水果有：荔枝、龙眼、芒果、榴莲、山竹、红毛丹、莲雾、泰国枇杷、蛇皮果等。所有水果中，最为著名的是素有"水果之王"美誉的榴莲和"水果之后"美誉的山竹。

水果贩卖

由于受到西方以及中国、印度等国的饮食文化的影响，今天的泰国饮食已呈多元化。

第二节　教育和新闻出版

一、教育

泰国古时的教育始于寺院。自公元1283年泰国素可泰王朝建立后，佛教有了更加广泛和深入的发展。僧侣出于传教的需要，不断教导小沙弥诵经拜佛，教他们识文认字，讲授佛经知识和佛寺戒律等，从而产生了最早的教育。佛寺发挥了学校的作用，僧侣是教师，佛经是课本。泰国人习惯将自己的孩子送入寺院作僧人的差使，一来可以减轻家庭的生活负担，二是掌握一定的文化知识和学习做人的道理。在寺院中学到的基本读写技能和佛教的基本道德信条，对于社会和家庭都是有益的。因此，寺院教育不仅成为社会教育的重要部分，而且对传统家庭教育和学校教育也产生了重大影响。可以说，直到西方现代教育观念和制度被引进以前，泰国社会中的初级教育——识字和简单的算术以及中等教育，多由僧侣承担，以宗教语言巴利文教学。

19世纪中叶，曼谷王朝五世王特别重视教育，他学习西方的教育制度，于1871年在宫廷里创办了第一所学校，让王公贵族的子弟入学学习泰文和算术。同时，对传统的寺院教育进行改革，让教育逐步从寺院里分离出来，先后开办了以培训国家机关公务员为目的的专科学校和第一所军官学校，学生主要来自王宫侍卫军军官。这一时期，一批公立学校在曼谷和其他府相继建立。1917年创建了泰国第一所大学——朱拉隆功大学。

进入20世纪后，泰国逐步建立起系统的教育制度，将教育作为国家建设的重要支柱，在全国推行全民教育，并于1960年颁布了第一个教育发展五年计划。但为了适应人们的传统习惯，至今，泰国设在佛寺内的中小学校还是占全国学校总数的70%。

泰国的教育经历了从寺院教育到现代教育的转变。如今，泰国具有层次完备、教学严谨的教育体制，主要分为普通教育、职业教育和成人教育三大类。普通教育包括：幼儿教育、初等教育、中等教育和高等教育4个阶段。其中中小学的学制为六三三制，即小学6年，初中3年和高中3年。泰国于1999年颁布的《泰国教育法》中规定，所有公民都有接受12年基础义务教育的平等权利。政府希望所有年满6岁的儿童都必须接受免费义务教育，在完成初中的学习后，无论是进入普通高中还是职业高中学习都免除学费。

　　泰国的高等教育体制是多元化的，其教育质量水平为国际考试机构所认可，颁发的文凭得到欧洲、美、加等众多国家的承认。泰国共有166所高等院校，其中包括78所公立高等院校；69所私立高等院校和19所社区学院。泰国的高等教育学制为4年，在教育制度上比较接近美国的教育体制。

　　泰国学校一学年分两个学期，一般第一学期从6月初到10月中旬，第二学期从11月中旬至翌年的3月中旬。

　　泰国的主要公立大学有：

　　朱拉隆功大学　创建于1917年，是泰国第一所高校，也是最负盛名的综合性大学，以曼谷王朝五世王的名字冠名和以五世王的皇冠为校徽。位于曼谷市中心地带，校园占地3000多亩，一条大马路将校园一分为二。

朱拉隆功大学

　　法政大学　始创于1934年，主校区位于曼谷的湄南河畔，是泰国重点高校之一。在过去的几十年里，法政大学从教授法律与政治学的开放大学发展为享有盛誉的著名大学。现有21个系，6个学院，7个研究中心。

　　玛希隆大学　创建于1943年，是泰国第一所高等医科院校。

　　农业大学　创建于1943年，主校区位于曼谷，是一所综合性的大学，也是泰国唯一的农业大学。目前有7个分校，分布在全国各地。学校设农、林、渔、兽医、农业综合企业等学院，另有研究生院和5个研究所或研究中心。

　　艺术大学　创建于1943年，主校区位于曼谷的湄南河畔，是泰国第一所艺术类高等院校。现在已发展成为多学科的综合性大学，并提供本科、硕士和博士层次的教育。

诗纳卡琳威洛大学　创建于1954年，主校区位于曼谷市中心。该大学建立初期为高等师范学校，1974年后发展成为一所综合性大学。现设有16个院系85个专业。

亚洲理工学院（简称AIT）　始创于1959年，位于曼谷北郊。是联合国为了促进亚洲高级工程方面的教育而成立的国际工程及管理研究生院。学校一直受到亚洲发展银行、欧盟等国际方面的捐助；教师来自世界各大洲的28个国家和地区，学生大多来自亚洲地区；亚洲理工学院与世界上很多国家的著名大学建立了友好的校际合作关系，并为各国学生提供一定数额的全额以及部分奖助学金，学生还可以申请欧洲各国政府的资助去欧洲攻读双学位以及去其他国家交换学习。

除了曼谷的大学外，还有泰国北部的清迈大学、东北部的孔敬大学、东部的布拉帕（东方）大学、南部的宋卡大学等。

泰国还有两所颇有特色的开放大学，一所是建于1979年的兰甘亨大学，一所是建于1971年的素可泰大学。开放大学的授课方法主要是通过广播电视等远程教育模式，可授予学士和硕士学位，入学自由，凡泰国国民只要有高中文凭及相应学历就可以注册入学，学习费用较为便宜。

主要私立大学有：

易三仓大学　始建于1969年，位于泰国首都曼谷，是泰国第一所国际大学，也是泰国最大、声誉最高的私立大学，采用全英语教学。学校设工商管理、金融管理、计算机、法学等65

易三仓大学

个学科。

曼谷大学 创建于1962年，老校区位于曼谷市中心，新校区位于市郊，是目前泰国成立最早、规模最大的私立大学之一。曼谷大学提供泰语及英语授课课程，各课程均得到国家大学事务部认可。

暹罗大学 创建于1965年，位于曼谷湄南河西岸，设立工程系、法学系、护理系等9个院系，还有研究生院。

泰国商会大学 其前身是泰国商会于1940年创办的位于曼谷市中心商会大院的商业学院。1984年该校获泰国教育部的批准，更名为泰国商会大学。学校设人文学院、科技学院、工程学院、财会学院和法律学院等8个学院。

泰国的最高教育行政机构是教育部，负责所有教育管理工作，如学前教育、中等教育和高等教育，对成人教育或校外活动计划、师资培训等进行管理；大学事务部负责公立大学和私立大学的招生、考核和人才培养规划等工作；内政部负责乡村地区的小学教育。

二、新闻出版

泰国宪法保障新闻自由，只要不涉及王室、国家安全和国家形象等问题，一般不会干涉新闻、报刊和广播工作。尤其是1992年的"五月风暴"后，泰国政府看到了在危难时刻新闻媒体及时、客观地向民众报道事实真相的必要性。因此，颁布了《关于广播电视的条例（1992年）》，让泰国的新闻享有相当多的自由，媒体可以报道、批评除王室外的任何事件，报刊的言论大胆，电台电视能较客观地报道国际新闻，新闻记者的采访也较少受到限制。泰国媒体以私营为主，由国家广播电视电信委员会作为独立单位对其进行调控和监督。

（一）报刊

泰国的报刊以泰文为主，大都集中在曼谷出版。全国共有24份泰文日报（包括娱乐、体育类），主要有以下几种：《泰叻日报》《民意日报》《每日新闻》《今日曼谷》《沙炎叻报》《曼谷商报》和《国家报》等；其中《泰叻报》和《每日新闻》分别创刊于1950年和1964年，发行量分别为约100万份和80万份，分别是泰国发行量最大和第二大的报纸，主要侧重国内和社会新闻以及文娱体育，属大众型综合类报刊，对泰国下层社会和普通民众影响较大。《民意报》创刊于1978年，发行量约50万份，位居第三，内容涵盖政治、经济、文化、社会等各方面，在中产阶级和知识界有较大影响。《经理报》发行量约10万份，是泰国经理媒体集团旗舰刊物，主要关注泰国内政外交政策，在泰中上层社会较有影响。该报于2002年起开辟"中国新闻专版"，每天介绍中国政治、经济和社会等各领域发展成就。

泰国的华文报纸有《新中原报》《中华日报》《星暹日报》《亚洲日报》《世界日报》和《京华中原日报》等6份，日总发行量为约13万份，历史最悠久的是创刊于1950年的《星暹日报》。《世界日报》创刊于1955年，日发行量约3万份，是泰国第一大华文报，并已推广到缅甸、柬埔寨、越南、老挝等邻国。《亚洲日报》实际上包括16版本报、8版香港《文汇报》（泰国版）、4版印度尼西亚《国际日报》以及与印度尼西亚《国际日报》社合作在曼谷分印的8个版的《人民日报》（海外版），4份报纸捆绑发行。《新中原报》原为《中原报》，创刊于1938年，中途停刊后于1977年复刊改称《新中原报》。华文报主要针对泰国华人社会、中国在泰人员以及旅游者，在华人圈内有较大影响力。

泰国3份英文报是《曼谷邮报》（*Bangkok Post*），创刊于1947年，每日出新闻版12版，评论社论版2版，商业版10版，副刊10~14版，日发行量约7万份，以大量泰国内政报道和深入评论为特色。该报副刊"OUTLOOK"内容十分丰富，涵盖泰国历史、文化、社会、艺术、旅游、休闲、美食等各方面，是外国人了解泰国社会的窗口和在泰国生活工作的指南。《民族报》(*The Nation*)创刊于1970年，日发行量约7万份，以激进尖刻的社论评论为特色。2006年起，该报每周一在商业版出2~4版的"中国商业周刊"，全方位介绍中国经济生活。还有一份免费发放的《每日快报》(*Daily Express*)。

此外，泰国北部、东北部和南部还有部分地方报纸，但数量不多，发行量也有限。

（二）广播电台

泰国有全国和地方性的广播电台524家之多，其中FM电台313家，AM电台211家，居主导地位的经营者是民联厅、泰国军队、大众传播机构等。政府民众联络厅掌管的有20家，其余的是私营商业台。泰国国家广播电台建于1977年，以泰语广播为主，覆盖泰国全境，内容包括官方通告法令，政府政策，经济和教育等。国家广播电台国外部，用泰、英、法、汉、马来、越、老、柬、缅、日等10种语言广播。泰国电台分为三类，一类是官方电台，第二类是集中在曼谷的民营电台，主要面向驾车者提供即时新闻、交通信息和流行音乐。第三类是面向广大农村偏远地区居民的电台。这类电台数量多达数百个，大多为个体经营。大众传播机构除了电视台之外，在曼谷拥有7个FM电台和2个AM电台，以及设在各府的53个地方电台和7个附属机构。

近几年来，由于广播电台每年的盈利达20%~30%，广播电台之间的竞争愈演愈烈，新的电台不断涌现，造成波段的干扰，播报的新闻内容质量和专业水准也参差不齐。泰国因此成立了国家广播电视委员会对其进行调控和监管。

（三）电视

电视是泰国人最重要的传播媒体。据泰国民联厅的最新统计，泰国拥有电视的家庭为1870万户。泰国共有6家免费电视台，分别是3、5、7、9、11（NBT）和ThaiTV电视台。其中第3台为泰国大众传播机构授权经营的上市公司，以新闻、教育类节目为特色。该台的电视信号能覆盖泰国89.7%的国土，收视率排第二。第5频道创立于1958年，属上市公司，陆军持最大股份，以时政类新闻节目为特色。第7频道创立于1967年，也属陆军控股上市公司，隶属陆军广播电视台管理，收视率排名第一。第9频道创立于1955年，和第3频道同样隶属泰国大众传播机构，以新闻、教育类节目为特色，2004年8月17日大众传播机构成为上市公司，财政部为最大股东。第11频道（NBT）成立于1988年，宗旨为国家教育事业和宣传政府的方针政策。该台隶属总理府民联厅，有11个转播站，覆盖95%的国土。在奥运会、亚运会期间，该台每天播出有关赛事情况8小时以上，而其他电视台仅播报半小时。

除此之外还有6家主要的卫星电视台，其中ASTV隶属泰文《经理报》集团，2003年底创立，有7个频道，信号覆盖整个中南半岛和中国南部。空中教育电视台（DLTV）创立于1995年12月，主要面向全国中小学生提供泰、英文函授教学。DMC电视台隶属教育部，全天24小时播放佛学教义。PTV电视台2007年3月1日首播，主要宣传政治团体"民盟"政治主张。MVTV电视台属民营电视台，影响较小。此外，美国CNN、英国BBC、日本NHK等国外电视台节目通过TRUE电视集团UBC有线电视网络播放。

TITV电视台创立于1996年，初衷为创建一家客观、独立的电视媒体，政变后转归民联厅代管，成为政府拨款电视台，名称也由原来的ITV"独立电视台"改为TITV"泰国独立电视台"。

泰国有两大主要的收费电视台，付费电视用户达到100万户，曼谷占了80万户。其中True Visions电视集团为最大，几乎是唯一的卫星和有线电视提供商，下辖IBC、UTV两个频道和UBC有线电视，106套电视节目通过数字卫星和有线电视提供，卫星信号除覆盖全泰国外，香港和上海地区也能收到。NATIONAL CHANNEL隶属民族报业集团，以犀利直率的访谈节目为特色，但市场的占有率非常少。

进入了信息时代后，泰国媒体领域发生了巨大变化，使得移动电视和因特网电视越来越受到人们的青睐，这已经给传统广播媒体带来了挑战。

（四）期刊杂志

泰国的期刊杂志种类繁多，全国的期刊杂志约1200多份，分为政治类、经济类、学术类、体育类和娱乐时尚类等几大类。期刊杂志的出版与发行全部按市场化运作，盈利最高的杂志首选时尚杂志，排名第二的是家居杂志。泰国的杂志期刊所使用的语言以泰文为主，英语、日语杂志也占有一定的席位，主要是科技、学术类杂志。其中政治类的主要期刊有：月刊《政治公报》《经济与社会发展》《太阳》；周刊《沙炎助评论》《周末民意》《民族报周刊》等。华文杂志《泰国风》是泰国唯一的彩色华文杂志，也是目前泰国及东南亚地区最具影响力的华文期刊之一。于1996年12月在泰国创刊。该杂志以报道泰国和东南亚地区的经贸活动、工商信息、华商生活、旅游风情、生活时尚为主，内容涉及工商、金融、房地产、旅游、娱乐、保健、服装、饮食等多个与人们生活息息相关的领域，是一本融信息性、知识性、趣味性为一体的轻松愉快的综合性杂志。

第三节 璀璨而独特的泰国文化

泰国是东南亚最具独特风情的国家，她不仅具有悠久灿烂的历史文化，还有源远流长的宗教传统。凡是到过泰国的人，无不被那里浓郁的佛教文化所吸引，佛塔林立而又风格各异，寺庙巍峨而又金碧辉煌。不论是在繁华闹市，还是贫困山村，都可以看到佛教僧侣托钵化缘的足迹。泰国人民的生活与佛教结下了不解之缘，佛教成为泰国人民重要的精神支柱。因此，泰国素有"黄袍佛国"、"千佛之邦"的美称。

一、原始宗教的信仰

早在佛教传入之前，泰国就有了原始宗教，主要表现为精灵崇拜、祖先崇拜和神灵崇拜。因为泰国是以农耕经济为主体的国家，普遍存在多神信仰。在他们的传统观念中，自然界中的一切都有神灵掌管，神都是自然的化身，他们呼风唤雨，降灾赐福，主宰众生，而且为数众多，山有山神，水有水精，日月星辰，皆为神灵，相信"万物有灵"，并受到了人们的信奉，甚至成为支配人们物质生活与精神生活的重要因素，并逐渐形成了最初的宗教形式。从泰民族现代的风俗习惯中依然可以看到原始宗教的影子。如：

头部 泰国人非常重视头部，认为头部是灵魂的家园，是神圣之地。因此，绝对不能随便触摸泰国人的头，至于孩子的头只允许国王、父母和僧侣抚摸；衣物的晾晒也不能高于头顶；从他人尤其是长辈或上级面前走过时一定要稍弯腰和低头，最好还要说一声"对不起"。

泰国人睡觉时头部不能朝西，因为西方象征着死亡。泰国人的房屋通常是坐北朝南。

门槛　泰国人认为门槛下有神灵居住。进入泰国人的家，特别是进入王宫、寺庙时千万不能踩在门槛上。

土地神龛　泰国人认为每个地方都有神灵保护，并对其产生崇拜和信任，希望从神灵那里得到护佑和帮助，使自己生活的地方安定泰和，以实现安居乐业、无病无灾的愿望。于是，泰国人在盖房子的时候自然要为土地神盖一间神龛，以保护家人和住客的平安，为他们带来幸福。因此，无论城乡的家庭，还是政府机关、宾馆酒楼等，其周围或庭院之内都立有土地神龛，其普遍程度可以说几乎家家户户都有。人们认为，供奉土地神会给家庭及住客带来吉祥、幸福，阻止鬼怪进宅捣乱。屋的主人每天早上出门时，总忘不了要双手合十向土地神辞行，求土地神保佑一切顺利，傍晚归来时也要向土地神报告。

另外，在村寨的入口处或中心还立有村寨柱，城市中心修建城市柱，曼谷市中心也立有国柱，作为保护神的化身。每年当地的人民都要在柱前举行一次祭祀活动。

二、婆罗门教的传入

自公元前3世纪印度的婆罗门教传入缅甸，并由缅甸传入泰国后，对泰国的原始宗教产生了巨大影响。由于婆罗门教吸收了大量的民间信仰，将神分为天、空、地三界，把各种自然现象人格化、神圣化而加以崇拜。同时，婆罗门教重视祭祀，寻求神的保佑等特点正好迎合了泰国的原始宗教，使泰国人把万物有灵的原始宗教与印度的婆罗门教揉和在一起。

婆罗门教还将印度森严的等级制度带到了泰国，使泰国成为一个等级制的社会，人们服从父母，尊重长者、教师和僧人。对待不同等级的人需要不同的礼节，并使用不同的敬语。

三、佛教的深远影响

自从泰国建立了素可泰王朝后，兰甘亨国王为了从政治、宗教、文化等方面摆脱柬埔寨的控制和影响，积极扶持和发展上座部佛教，使上座部佛教有了更加广泛和深入的发展，并很快就与当地的婆罗门教和泛灵崇拜融合，形成了极具地域色彩的泰国佛教，这在今天的各种传统礼仪和风俗中可以看到原始泛灵崇拜和婆罗门教、佛教三者的余响。

泰国是当今世界上唯一奉佛教为国教的国家。佛教文化是泰国文化的重要组成部分，并深深地根植于这个民族之中，成为民族的宗教，逐渐演变为一种民族精神。以至于泰国的民族发展、历史变迁、社会政治、经济建设、民俗民风和民族心理的构成，都与佛教有着密切关系，同时也在泰国艺术文化如诗歌、绘画、建筑等领域镌刻下深深的印迹。

目前，泰国大多数人信奉佛教，僧侣30多万，寺庙32,000多所，平均每个村庄一座寺庙，佛塔10万座。佛教已在人们的心目中拥有神圣的地位，凡政府和民间的重大庆典活动都采用佛教礼仪，如国庆典礼、军队的阅兵式、官员的晋升、婚娶、商店开业、孩子升学等都会请僧侣到场诵经祝福，丧葬祭祀也由僧侣诵经超度。拜见僧侣时，上自国王，下至平民百姓，都得向僧侣行合十礼。

僧人坐车，有专门的座位且免费乘坐；女性不能碰触僧侣，如需奉送物品，应直接放在桌上；在汽车上不能与僧侣邻坐；遇有纷争，经僧人调解后即可息事宁人；适逢佛教节日，全国要例行放假，国王、王室成员、军政官员和平民百姓都要去寺院听经参禅，举行隆重的仪式。每天清晨，一对对僧人沿大街小巷缓缓前进，端钵化缘，施主们将早已备好的饭食一勺勺放进僧人的钵子里。僧人出寺化缘，必须于中午12时前赶回寺中，戒律规定，僧人每天只吃早、午两餐，过中午12时后不能再进食。

泰国的佛寺就建在城市和乡村最热闹的地方，亲切可靠，再世俗不过，就像邻家的院子，随时随地就可抬脚走进去。但凡入寺庙，必须衣着整洁、端庄，不可穿短裤、高于膝盖的短裙和袒胸露背装。进入佛殿必须脱鞋和脱帽，且不可脚踩门槛。佛寺都是采用具有浓郁民族风格的建筑，尖顶高耸，金碧辉煌，在很远的地方就可看见。佛寺除了作为佛教活动中心，泰国人还把它当成走出家门后的另一个家。泰国人的一生都与这另一个家息息相关，新生儿的洗礼，年轻人的婚礼，死者的葬礼，平日里的祈祷等，都要在这里完成。

泰国男子无论贫富，年满20岁便要出家为僧。过去，由于寺庙兼有学校的功能，男子多在学龄期剃度入寺，一边学习佛教知识，一边学习文化，出家的时间相对也比较长。现在，世俗教育和宗教教育早已分离，大多数人剃度为僧不再以接受教育为目的，出家的年龄已不作具体规定，但出家的时间多选在守夏节期间，在佛寺修行3个月算一个法岁，解夏节时还俗。政府公务员出家算公假，单位要给予支持和方便，工资照发。大学生则利用暑假削发为僧。对于那些热衷于佛门的人，也可一辈子不还俗。

每个泰国人脖子上都戴着一个小佛像，称为佛饰。人们认为佛饰可以纳吉消灾，保佑平安。每晚睡觉前取下，放在手中，合十祷告，请佛爷保佑。清晨起来，合十祷告后，再戴在脖子上。

泰国人见面时行礼和互相致意时是举起双手，手掌相合，形成"含苞待放的莲花"状放在胸前，头微朝下，表示对客人的最大尊敬。因为两手合十礼是由佛教膜拜礼改变而来的，泰国人在跪拜佛像时，除了蜡烛和线香外，还有一样不可缺少的东西就是莲花。含苞待放的莲花象征着主人的心，双手合十呈"含苞待放的莲花"状放于胸前，一句"沙瓦迪卡"即是问候也是祝福的话语，意味着泰国人从心底里祝福客人好运。在泰国，行两手合十礼是有讲究的。一般来说，双掌举得越高，表示尊敬程度越深。如平民百姓见国王和拜佛双手要举过头顶；儿女见父母双手拇指置于鼻子下方，表示感谢父母给了自己生命；晚辈见长辈要双手指尖举至前额，平辈相见指尖举到鼻子以下。长辈对晚辈还礼时，可以只点头或微笑回应。

泰国采用的纪年法不是现今大多数国家通用的公元纪年，而是佛历，以释迦牟尼圆寂之年为纪元起始年，比公历早543年。

在泰国，佛教教义是泰国道德礼教的准则，维系社会和推动艺术的原动力。绝大多数泰国人能一丝不苟地守持五戒：不杀生，不偷盗，不邪淫，不妄语，不饮酒。相信命运，宣扬"恶有恶报，善有善报"，把"涅槃"、"上天堂"作为人生的最高理想和最后归宿。

泰国现行宪法是由国王批准、并于2007年8月24日颁布执行的"佛历2550年泰王国宪法"。宪法第二节"国王与王室"中规定，国王是泰王国的国家元首，是武装力量的最高统帅，是宗教的最高护卫者；国王的地位至高无上，任何人不得侵犯。这样，国家、国王和佛教，三者融为一体。捍卫佛教就是捍卫国家和国王，同样，捍卫国家和国王，也就是捍卫佛教。如今，由红、蓝、白三色组成的泰国国旗，就体现着这种一体精神：红色代表国家，蓝色代表国王，白色代表宗教，正是三位一体的集中体现。泰国的中小学校每天早上都举行升旗仪式；

泰国广播电台和电视台每天上午8点和下午6点都播放国歌，如果您在公共场所听到国歌奏响时，应当立即站立直到国歌播放结束；泰国人对国王及王室成员怀有深厚的敬仰之情，拜见国王及王室成员时行跪拜礼；凡遇盛大集会、宴会都要先演奏或播放赞颂国王的"颂圣歌"，电影院内开始放映前，也要播放"颂圣歌"，与此同时，国王的肖像出现在银幕上，这时全场肃立，不得走动和说话，不然，就会被认为对国王不敬。

在佛教文化的长期熏陶和影响下，泰国人普遍心地善良，热情开朗，乐善好施，敬老爱幼，谦恭有礼。他们相信命运，宣扬因果报应，主张人与人之间宽恕与仁爱，因而社会风气良好，民风淳朴，被誉为"充满微笑的国家"。

除了佛教外，伊斯兰教是泰国的第二大宗教，信仰伊斯兰教的人占全国人口的3.8%，清真寺有2,300座，其中100多座建在曼谷。信仰伊斯兰教的居民主要分布在与马来西亚接壤的泰国南部。

基督教是16—17世纪传入泰国的，信仰基督教的估计有24万余人，占0.5%，其中60%以上是天主教，他们主要生活在曼谷和其他城市，有天主教堂400多座，天主教团体30多个。

信仰印度教的人有3,000余人，还不到总人口的0.01%。

第四章
投资指南

✖ 本章导读

☆泰国地理位置优越、社会环境稳定，自20世纪80年代以来，泰国政府一直把吸引和利用外资作为推动国内经济发展的重要措施。在基础设施建设方面，泰国政府不断加大对基础设施建设的投入，使基础设施日趋完善；在政策法规方面，为外商提供了企业运作及生活的保障，并陆续制定了外商经营相关法规，形成了较为健全的外商投资泰国法律体系，为外商在泰国投资提供了法律保障；在机构设置方面，设立了以泰国投资促进委员会为主体的投资服务机构，为外商提供优质便捷的投资服务。这些措施的实施，使泰国成为亚洲地区吸引外资的主要国家之一。

第一节　不断完善的基础设施建设

泰国拥有完善的基础设施，包括发达的海陆空交通运输网络、日益现代化的信息通信网络，以及充足的水电供应，为外商企业的运作、外商的生活提供了保障。现代化的工业园区更为投资者们提供了全面、成熟的配套体系和优质的服务。

一、交通运输网络

（一）公路

泰国公路发达，公路网络覆盖全国城乡各地。公路总长度为64,600 公里。曼谷与邻府的市内高速公路总长度近100 公里，环城高速公路长度165 公里，城际高速公路总长度超过200 公里，规划中的城际高速公路总长达4,150 公里。2004 年泰国签署了亚洲公路网协议，使泰国与欧亚32个国家的交通运输系统相互连接，泰国境内的亚洲公路全长5,111公里。2008年开通的全长1,800多公里的昆曼公路，成为泰国通向中国西南最便捷的通道。目前泰国境内有4条主要公路：

1号公路，即北线公路，从曼谷到泰缅边境的清莱府夜柿县；

2号公路，即东北线公路，从北标府到泰老边境的廊开府；

3号公路，即东线公路，从曼谷到泰柬边境的达叻府；

4号公路，即南线公路，从曼谷到泰马边境的宋卡府。

此外，泰国开辟了6条国有优先运输走廊：

北线1　清莱夜柿—缅甸景栋—西双版纳景洪—昆明；

北线2　清莱清孔—老挝琅南塔—西双版纳景洪—昆明；

东线　莫拉限府—老挝沙湾拿吉—越南东河—越南岘港；

中线　曼谷—柬埔寨金边—越南胡志明—越南头顿；

东南线　达叻府—柬埔寨戈公—柬埔寨西哈努克；

西线　达府夜速—缅甸毛淡棉—缅甸仰光。

（二）铁路

泰国铁路总长度4,346公里，以曼谷为中心，连接北部、东北部、东部和南部等主要地区，南部与马来西亚铁路系统连接，可达新加坡；北部从廊开府越过湄公河连接老挝首都万象。

北线　至清迈，沿线经素可泰，全长751公里。

南线　从吞武里出发，至南部泰马边境的陶公府（那拉提瓦府）段，为最长的铁路线，达1,144公里；至宋卡府段全长974公里，与马来西亚的铁路相连接，并可以直达新加坡；至董里府段全长850公里；至洛坤府（那空是贪玛叻府）段全长816公里。

东线　至泰柬边境的沙缴府的亚兰县段，全长255公里；至罗勇府的玛达普工业区段，全长200公里。

东北　至乌汶府段，全长575公里；经廊开府连接老挝境内，全长627.5公里。

西线　从吞武里出发，至北碧府段194公里；至素攀府段157公里。

夜功线　曼谷至龙仔厝府段，长31公里；班郎至夜功段，长34公里。

此外，泰国内阁已批准与中国合作建设三条高速铁路，分别是曼谷—廊开线、曼谷—泰马边境线和曼谷—罗勇线，其中前两条是从中国昆明经老挝万象、泰国廊开、曼谷、泰国南部边境直至马来西亚的跨国铁路的组成部分。

（三）航空

泰国航空运输发展迅速，国内航线和国际航线众多。国内航线以曼谷为中心辐射全国各部，如：东北线至孔敬、乌隆、乌汶；北线至清迈、南邦、彭世洛、清莱、达府夜速；南线至董里、北大年、宋卡、普吉、万伦（素吻他尼）。从曼谷飞往国内各城市仅需一小时左右。泰国绝大部分机场由交通部下属的泰国机场公司（AOT）经营管理。其管理经营的国际机场为6个，即素万纳普国际机场、曼谷廊曼机场、清迈机场、清莱机场、普吉机场及合艾机场。开通了可达全世界40个城市的国际航线，其中2006年下半年启用的素万纳普国际机场是东南亚地区重要的空中交通枢纽，目前在全球108个国际机场中规模排列第五位。设有2条跑道和120个停机位，每小时可起降76架次，年客流量达4,500万人次，年货运量达300万吨。

（四）港口

泰国水路运输的主要航道长度为3,999公里，其中全年可通航、水深不低于0.9米的航道有3,701公里。目前泰国有6个深水海港，即曼谷港、东海岸的廉差邦港和玛达普港以及南海岸的拉廊港、普吉港、宋卡港；有2个国际内河港口，即清盛港和清孔港。年吞吐量超过700万标准集装箱。其中曼谷是最重要的港口，承担全国95％商品出口和几乎全部商品进口的吞吐。此外，从北部清莱府的内河港，通过湄公河—澜沧江国际航运水道可直达中国云南的景洪港和关累港。

（五）管道

泰国从泰国湾石油天然气开采地，将石油、天然气通过铺设管道输送到罗勇的玛达普天然气分离厂以及其他使用管道的地方，如北柳的热能电厂和曼谷的京都电厂。此外还铺设管道从北榄府的挽坡县分别输送到大城府的水泥厂和北标府的水泥厂。泰国已从缅甸铺设天然气管道，经北碧府输送到叻丕府的热能电厂。目前缅甸每天从耶德那和耶德贡气田向泰国输送天然气3亿多立方米。泰国与马来西亚合作铺设天然气输送管道工程也正在实施之中。2008年泰国计划在全国铺设3条主要的天然气输送管道，总投资额达348.5亿泰铢（约为人民币69亿元）。

（六）曼谷市内大众交通

目前曼谷市中心区拥有两条轨道交通线，即轻轨（BTS）和地下铁（MRT），总长为106公里；2010年12月正式开通了市中心至素万纳普国际机场的机场快线。曼谷市内还开通了一条全长约20公里快速公交线路。此外，曼谷及邻府还有各种公共汽车线路800余条。

二、信息通信网络

泰国各种形式的电信网络已覆盖全国各地，包括固定电话（提供低价国际直拨电话服务）、移动电话、ADSL宽带互联网、卫星调制解调器及拨号入网服务。其中无线网络以及廉价宽屏网络已经广泛覆盖各地，可用宽带达5Mpbs。泰国信息通信技术部负责国家信息电信网络的规划、促进、开发和管理。国家电信委员会（NAC）负责电信频率资源的分配、电信经营许可证的审批发放和对电信企业的监管。泰国主要的电信服务商包括国有的泰国通信机构（CAT）、泰国电话机构（TOT）以及私营的AIS、DTAC、True等。

三、水电供应

（一）电力

泰国发电局（EGAT）主要负责电力生产和供应，京都电力局（MEA）和地方电力局（PEA）共同负责输送电力到曼谷和各府。2009年泰国电力生产能力达29,212兆瓦，需求22,045兆瓦。从历史数据看，泰国电力使用量仍与经济增长率同步，即若经济每增长一个百分点，电力需求量也增长一个百分点。泰国的民用供电系统为交流电压220伏特/ 50赫兹，工业用电为交流电380伏特/ 50赫兹。电费采用时段费率计收。

（二）水资源

目前泰国水需求量为每年530亿立方米，90%供水量分配给农业，6%为日常消费，其余为工业用水。泰国水务管理部门分为两大机构，京都水务局(MWA)负责向曼谷及邻府2,100平方公里区域的180万用户提供自来水。地方水务局（PWA）负责向曼谷以外大部分城市供水。居民用自来水费率为8.5~13.15泰铢/立方米，工业和商业用自来水费率为9.5~14.85泰铢/立方米，费率随使用量递增。

四、工业园区

泰国工业园区管理局（IEAT）是直属于泰国工业部的国企，成立于1979年，负责开发和管理工业园区，并对工业园区实行政府管理职能；对工业园区的设立履行审批；对工业园区的建设、配套设施的完善、土地分配等实施管理；对工业园区土地使用、园区经营、税收优惠、工作许可和外籍劳工等提供相关服务，赋予在工业园区投资设厂的企业除泰国投资促进委员会（BOI）优惠待遇之外的优惠待遇。

工业园区为工业生产提供所需的完备基础设施，包括道路、电力、自来水、防洪设施、污水处理系统、固体废物处置系统、通讯系统和安全设施等。此外，工业区内还设有商业银行和邮局，有些还设有海关办事处、学校、医院、购物中心以及投资者和工作人员所需要的其他生活实施。

工业园区通常为企业提供登记注册公司、申请工厂生产许可证等一站式服务，符合投资鼓励政策的，还可以代理申请获得BOI优惠待遇。企业建造厂房时，通过工业园区就可以找到建筑公司、设计公司，工业园区也会帮助联络有关的政府机构。建成投产时，工业园区也常常为企业招收当地工人。

目前已经开放的工业园区共有45个，分布在全国15个府。其中由泰国工业园区管理局开发管理的工业园区有11个，由IEAT与私营企业合作开发管理的有34个。

第二节　投资优惠政策

为了更好地吸引和利用外资，泰国政府通过泰国投资促进委员会（BOI）制订了投资优惠政策，具体规定如下：

——发挥减免优惠税的作用，使投资项目真正有利于经济的发展，投资促进委员会规定获得优惠投资的企业必须向其报告业绩，以便在获取税务优惠权益之前，对其进行审核。

——支持各工厂企业提高生产质量和生产水平，以增强在国际市场上的竞争能力。投资规模达到1,000万泰铢以上（不含土地价款和流动资金）的投资企业，必须取得ISO 9000国际质量标准或其他同等的国际标准证书。

——调整投资促进措施，使之与国际贸易投资协议相一致，取消出口限制条件及必须使用国内配件的规定。

——为边远地区、低收入地区和设施未完备地区的投资提供特别优惠待遇和最高税务优惠权益。

——重视中小型企业的投资，申请优惠投资的最低投资额自100万泰铢（不含土地价款和流动资金）起的政策不变。

——重视农业及农产品加工业、高科技发展和人力资源发展业务、公共设施、基础设施、环境保护和发展目标的工业等。

一、鼓励投资的行业目录

（一）农业及农产品加工业

植物繁殖和种子分级；

水耕栽培；

人工造林；

生物有机肥料制造；

动物育种或养殖；

饲料或饲料配料制造；

农作物烘干或仓储设备；

深水捕鱼；

动物屠宰；

制革、皮革或毛皮加工；

使用先进技术制造或保藏食品及食品配料（饮用水和冰激凌除外）*；

动植物油或脂肪提炼；

淀粉、糊精或改性淀粉制造；

使用先进技术筛选、包装和保存植物、水果、蔬菜和鲜花*；

草药产品制造（药品、香皂、洗发水、牙膏和化妆品除外）*；

天然橡胶产品制造；

农副产品或废料加工；

利用农产品生产酒精或燃料；

冷库或冷藏运输；

农产品贸易中心；

农场管理。

（＊中小企业享有额外的投资优惠。）

（二）矿业、陶瓷业及基础金属业

矿石勘探*；

采矿或选矿（锡矿除外）*；

大理石或花岗石开采*；

冶炼矿物*；

陶瓷制造；

玻璃或玻璃制品生产；

耐热或隔热材料生产；

石膏板及石膏产品生产；

用于基础设施的高压混凝土产品生产；

粉末冶金；

铁合金生产；

上游和中游钢铁生产；

下游钢铁生产；

钢管或不锈钢管生产；

铁铸件或钢铸件生产；

锻钢件生产；

有色金属的轧制、拉拔、压铸或锻造；

钢材加工中心；

纳米材料或纳米材料制品生产。

（*经营矿业的公司在取得投资优惠证书前，须先获得基础工业与矿业厅的开采许可证。）

（三）轻工业

纺织品及配件生产；

吸湿垫生产；

人造皮革产品生产；

箱包及零配件生产*；

运动器材及零配件生产；

皮革或人造皮革产品生产；

与宝石和珠宝业相关的生产；

镜片、眼镜及零配件生产（隐形眼镜除外）；

医疗用品或医疗设备生产；

科学仪器生产；

文具及零配件生产*；

玩具生产*；

乐器生产；

仿真制品生产（以保护树种木材制成品除外）；

家具及零配件生产*；

砂纸生产。

（*中小企业享有额外的投资优惠。）

（四）金属制品、机械和运输设备制造业

手工具和测量工具生产；

机械设备生产；

金属制品及金属配件生产；

金属表面处理或阳极氧化处理；

金属热处理；

船舶建造或维修；

电动交通工具生产（仅限于不能按1979年汽车法登记）；

列车或电气列车生产（仅限于轨道系统）；

飞机制造和维修，包括机内设备及零部件的制造和维修；

交通工具零部件生产；

摩托车生产；

汽车生产；

多用途发动机生产；

使用天然气的交通工具和机械设备生产；

燃料电池生产；

汽车零部件、电器产品或电子设备维修；

工业机械设备维修；

集装箱生产、维修及保养；

金属制品或工业金属设备生产；

完全组装或全散件组装。

（五）电子电器业

工业电器生产；

电器产品生产；

电器产品设备及零部件生产；

电子产品生产；

电子设备零部件生产；

微电子材料生产；

电子设计；

计算机软件；

电子商务。

（六）化工品、造纸及塑胶业

化工产品生产；

工业用化工产品生产；

环境亲和型化工产品生产；

环境亲和型产品生产；

药品主要成份生产；

化肥生产；

杀虫剂或除草剂生产；

颜料生产；

身体护理产品生产；

石油提炼；

石化产品生产；

塑料或层状产品主要成份生产；

纸浆生产；

纸张生产；

纸浆制品或纸制品生产；

印刷制品生产。

（七）服务业及公用事业

公共事业及基本服务；

天然气加气站；

旅游推广服务；

旅游支持活动；

中低收入者住宅项目开发；

在泰国摄制电影、提供制片服务或多媒体服务；

医院；

工业用地开发；

大众运输系统及大宗货运；

现代化货物集散中心；

现代化国际货物集散中心；

国际采购办公室；

区域运营总部；

国际公司、贸易公司；

贸易投资支持办公室；

国际业务流程外包；

能源服务公司；

人力资源开发；

生物技术；

研究开发业务；

科学实验室；

校准服务；

产品设计；

设计中心；

产品消毒服务；

污水处理服务，垃圾、工业废物或有毒化学物质处理服务；

废弃物品再生利用；

石油输送管道涂盖或加厚。

二、投资优惠待遇审批标准

（一）项目投资额不超过5亿泰铢（不包括土地费和流动资金），其审批标准如下：

——产品增加值必须不低于销售收入的20%，但电子产品及其配件、农产品加工和投资促进委员会特别批准的项目除外；

——新投资项目的负债与注册资本比率不得超过3:1；扩大业务的项目，则视具体情况而定；

——投资项目必须使用先进生产技术和新机械设备，若需使用旧机器，其效率必须获得权威机构的验证，并获得投资促进委员会的准许；

——必须有足够的环境保护措施。对环境有不良影响的项目，投资促进委员会将着重审核其工厂所在地及其污染处理方法。

（二）项目投资额在5亿泰铢以上（不包括土地成本和流动资金）的项目，除按上述规定执行，尚须按投资促进委员会的规定提交投资项目可行性报告。

（三）对于获得特许经营权的项目和国营企业的私有化项目，投资促进委员会将按1998年5月25日政府公告进行审批：

——国营企业的投资项目不得享有优惠待遇；

——对于由私营企业以建设—移交—经营（Build Transfer Operate）方式或建设—经营—移交（Build Operate Transfer）

方式实施的特许经营项目，拥有其所有权的国家机构在招标前必须将项目提交投资促进委员会审查；

——对于由私营企业以建设—拥有—经营（Build Own Operate）方式、租赁方式或向政府缴付租金方式实施的项目，则采用一般标准进行审批；

——对于国营企业的私有化项目，只有在私有化完成后企业扩张时才会考虑给予投资优惠。

三、外商持股条例

为放宽外商对工业投资的持股限制和方便外商投资，泰国投资促进委员会制定了如下条例：

——投资于《外商经营企业法》（1999年）A目录中农业、畜牧业、渔业、勘探、采矿和服务业的项目，泰籍投资者在注册资本中的持股比例必须不低于51%；

——准许外商在所有地区的工业投资项目中持有多数股份或全部股份；

——在有适当理由的情况下，泰国投资促进委员会可对某些鼓励投资项目的外商持股比例另作规定。

四、投资资金的定义

经泰国投资促进委员会确认且不必计入应纳税所得额的投资金额（不包括土地费和流动资金）包括如下费用：

（一）建筑费　若公司自己进行建造，建筑费是指办公楼、厂房、基础设施和其他设施的建筑费，也包括建筑物的扩建或改造费用；若公司购买或使用现有的建筑物，建筑费是指购买合同列明的楼房或厂房价格；若公司租赁楼房或厂房，建筑费是指租赁合同列明的楼房或厂房租金，且租赁时间不得低于三年。

（二）机器费、安装费和调试费　若购买机器，则机器费包括机器价格、安装费、调试费、工业产权和专有技术费；若机器是租购或租赁的，则以租购或租赁合同列明的金额为准；若机器为租用，则以租用合同列明的租金为准，且租用期不得低于一年；若机器是集团内其他公司免费赠送的，而且在投资优惠申请表中已注明了该机器的来源，则以赠送公司账目中该机器的价值为准；若计价时涉及外汇兑换，则按提交投资优惠申请表之日的汇率换算成泰铢；若机器用于抵押，则以账目列明的成本为准；若搬迁工厂，新工厂申请投资优惠时，不得将机器费从应纳税所得额中扣除。

（三）营业前的费用　包括新公司成立的费用，如交通费、律师费、手续费和公司组织大纲费用。

（四）其他财产的价值　包括办公用具和交通工具价值，只限于以新成立公司名义申请投资优惠和因搬迁而获得投资优惠的项目；特许经营费、专利费和为使用自然资源而支付给国家的费用。

若出现无法按上述规定执行的问题，由投资促进委员会秘书长作最终裁决。

五、划分投资区域及相应的税收优惠政策

根据泰国各地区的人均收入和基础设施条件等经济因素以及距离曼谷的远近，泰国投资促进委员会（BOI）把全国划分为三个投资区域，并制定了相应的税收优惠政策。该优惠政策是以曼谷为中心向外扩展，越向外围投资政策越优惠。其中第三区为最高待遇投资区。

（一）第一投资区：包括人均收入较高、基础设施良好的曼

谷及周边的北榄、龙仔厝、巴吞他尼、暖武里和佛统5个府。

（二）第二投资区：包括人均收入和基础设施中等的12府，即红统、大城、北柳、春武里、北碧、那空那育、叻丕、夜功、北标、素攀、罗勇以及普吉。

（三）第三投资区：包括人均收入较低、基础设施较薄弱的58府，分为两组：

第一组36府，包括甲米、甘烹碧、孔敬、尖竹汶、猜纳、春蓬、清莱、清迈、董里、桐艾、达、呵叻、洛坤、那空沙旺、巴蜀、巴真武里、攀牙、博他仑、披集、彭世洛、佛丕、碧差汶、莫拉限、夜丰颂、拉农、华富里、南邦、南奔、莱、宋卡、沙缴、信武里、素可泰、素叻他尼、程逸及乌泰他尼。

第二组22府，包括猜也奔、胶拉信、那空帕侬、陶公、难、廊开、武里南、北大年、帕夭、帕、玛哈沙拉堪、也梭吞、惹拉、黎逸、四色菊、沙功那空、沙敦、素辇、农磨喃普、庵纳乍仑、乌隆及乌汶。

表4-1 第一投资区 优惠政策

设在该区内获得鼓励工业园区内的投资项目	设在该区但不在获得鼓励工业园区的投资项目
—进口税率不低于10%的机器设备减半征收进口关税； —若项目投资额等于或超过1000万泰铢（不包括土地成本和营运资金），且自其开始经营之日起两年内取得ISO9000认证或者类似国际标准认证，免征企业所得税三年；否则免征企业所得税的期限将减少一年； —免征用于生产出口产品的原材料或基本材料的进口关税一年。	—进口税率不低于10%的机器设备，给予减免50%的进口关税； —免征用于生产出口产品的原材料或基本材料的进口关税一年。

表4-2 第二投资区 优惠政策

设在该区获得鼓励工业园区（除廉差邦工业园区和罗勇府获得鼓励的工业园区外）内的投资项目	设在该区但不在获得投资鼓励工业园区的投资项目
—免征机器设备进口关税；＊ —若项目投资额等于或超过1,000万泰铢（不包括土地成本和营运资金），且自其开始经营之日起两年内取得ISO9000认证或者类似国际标准认证，免征企业所得税七年；否则免征企业所得税的期限将减少一年＊； —免征用于生产出口产品的原材料或基本材料的进口关税一年。	—进口税率不低于10%的机器设备减半征收进口关税； —若项目投资额等于或超过1,000万泰铢（不包括土地成本和营运资金），且自其开始经营之日起两年内取得ISO9000认证或者类似国际标准认证，免征企业所得税三年；否则免征企业所得税的期限将减少一年； —免征用于生产出口产品的原材料或基本材料的进口关税一年。

＊仅限于2014年12月31日前申请投资优惠的项目。

表4-3 第三投资区 优惠政策（36个府）

设在该区获得鼓励工业园区内、廉差邦工业园区以及罗勇府获得鼓励工业园区的投资项目＊	设在该区但不在获得投资鼓励工业园区的投资项目
—免征机器设备进口关税； —若项目投资额等于或超过1,000万泰铢（不包括土地成本和营运资金），且自其开始经营之日起两年内取得ISO9000认证或者类似国际标准认证，免征企业所得税八年；否则免征企业所得税的期限将减少一年； —免征用于生产出口产品的原材料或基本材料的进口关税五年； —免征企业所得税期满后五年内减半征收企业所得税；	—免征机器设备进口关税； —若项目投资额等于或超过1,000万泰铢（不包括土地成本和营运资金），且自其开始经营之日起两年内取得ISO9000认证或者类似国际标准认证，免征企业所得税八年；否则免征企业所得税的期限将减少一年；

续表

设在该区获得鼓励工业园区内、廉差邦工业园区以及罗勇府获得鼓励工业园区的投资项目＊	设在该区但不在获得投资鼓励工业园区的投资项目
—自获得收入之日起十年内在应税收入中双倍扣除水电费和运输费； —自获得收入之日起十年内，可任选一年或几年在企业净利润中再扣减相当于投资额25％的基础设施安装费或建筑费，企业资产的折旧费仍按常规扣减； —对用于内销产品生产的原料和基本原料减征75％的进口关税（须逐年审批），但在廉差邦工业园区以及2005年1月1日后申请投资优惠的位于罗勇府获得鼓励的工业园区的投资项目除外。	—免征用于生产出口产品的原材料或基本材料的进口关税五年； —自获得收入之日起十年内，可任选一年或几年在企业净利润中再扣减相当于投资额25％的基础设施安装费或建筑费，企业资产的折旧费仍按常规扣减。

＊在廉差邦工业园区和罗勇府获得鼓励的工业园区内的投资项目必须在2014年12月31日前申请。

表4-4　第三投资区　优惠政策（22个府）

设在该区获得鼓励工业园区内的投资项目	设在该区但不在获得鼓励工业园区的投资项目
—免征机器设备进口关税； —若项目投资额等于或超过1,000万泰铢（不包括土地成本和营运资金），且自其开始经营之日起两年内取得ISO9000认证或者类似国际标准认证，免征企业所得税八年；否则免征企业所得税的期限将减少一年； —免征用于生产出口产品的原材料或基本材料的进口关税五年； —免征企业所得税期满后五年内减半征收企业所得税；	—免征机器设备进口关税； —若项目投资额等于或超过1,000万泰铢（不包括土地成本和营运资金），且自其开始经营之日起两年内取得ISO9000认证或者类似国际标准认证，免征企业所得税八年；否则免征企业所得税的期限将减少一年； —免征用于生产出口产品的原材料或基本材料的进口关税五年； —免征企业所得税期满后五年内减半征收企业所得税；

续表

设在该区获得鼓励工业园区内的投资项目	设在该区但不在获得鼓励工业园区的投资项目
—自获得收入之日起十年内在应税收入中双倍扣除水电费和运输费； —自获得收入之日起十年内，可任选一年或几年在企业净利润中再扣减相当于投资额25%的基础设施安装费或建筑费，企业资产的折旧费仍按常规扣减； —对用于内销产品生产的原料和基本原料减征75%的进口关税（须逐年审批）。＊	—自获得收入之日起十年内在应税收入中双倍扣除水电费和运输费； —自获得收入之日起十年内，可任选一年或几年在企业净利润中再扣减相当于投资额25%的基础设施安装费或建筑费，企业资产的折旧费仍按常规扣减。

＊仅限于2014年12月31日内申请投资优惠的项目。

六、优先鼓励投资的项目

——农业和农产品加工业；

——科技及人才开发领域；

——公共事业和基础服务业；

——环保和预防污染项目；

——其他工业企业。

对以上项目的投资给予税收优惠，即无论设在哪一个区，均可获免征机器设备进口税和免征8年企业所得税的优惠。

2010年泰国投资促进委员会推出了"可持续发展的鼓励投资政策"，规定从2010年到2012年鼓励三大类产业：节能和替代能源产业、环保型材料和产品生产业（包括生物塑料生产）、高科技产业（如汽车电子产品、生物技术、纳米技术、功能性纺织品生产）的投资，并制定以下税收优惠政策：

——免征机器设备进口关税；

——免征企业所得税八年，不限定免征企业所得税的比例；

——免征企业所得税期满后五年内企业所得税再减半征收；

——自获得收入之日起十年内在应税收入中双倍扣除水电费和运输费；

——自获得收入之日起十年内，可任选一年或几年在企业净利润中再扣减相当于投资额25%的基础设施安装费或建筑费。

七、非税收鼓励政策

（一）国家担保：担保防止国有化征收，在销售类似产品时来自国有企业或垄断企业的竞争，价格操控、出口限制和国家机构或国有企业零关税进口。

（二）行业保护：这一措施将根据正当理由和需要而做出。包括：对存在竞争性的产品进口附加额外费用（最高为CIF到岸价格的50%，最高期限为每次一年）；禁止进口有竞争性的产品；采取任何必要的措施来支持被鼓励项目，以及对被鼓励项目的收益提供税收减免。

放宽对外国人参与的限制：允许被鼓励企业引进外国公民进行可行性研究；允许企业为被鼓励项目引进外国技术人员和专家；允许企业为被鼓励项目而取得土地所有权；以及允许企业接收外国货币或将其汇到国外；制造业无外资参股比例限制；许多服务行业允许100%外资持股。

（三）投资服务：泰国政府为广大外国投资者提供优质便捷的投资服务。投资促进委员会专门在曼谷的办公场所设立了"一站式服务中心"，中心里有来自泰国各部委的工作人员对投资相关的一系列问题进行解答，并与泰国移民局、劳工部合作，协助外国专家和技术人员在三小时内获得工作许可及签证。帮助投资者了解申请程序，包括注册公司、申请投资优惠、申领外资经营许可、办理税务登记、完成环境影响评估及取得设施使用权等相关事宜。同时，一站式服务中心还受理诸如企业名称注册、企业所得税付税号码申领、增值税登记、外资经营许可和投资优惠申请等事宜。

此外，泰国投资促进委员会还制定了额外鼓励政策，即技术技能创新（STI）额外投资优惠政策，投资优惠力度取决于项目在研发设计、先进的技术培训、对教学研究机构的支持以及对科技经费的投入等方面对技术、技能、创新任意一个环节的总投资情况。

表4-5　技术技能创新的优惠标准

STI 资金投入标准	额外免法人所得税年限	免机械进口税	无免法人所得税总额限制
前三年销售额的1%或至少1.5亿泰铢	1		
前三年销售额的2%或至少3亿泰铢	2		
前三年销售额的3%或至少4.5亿泰铢	3		

第三节　外商经营法规

一、外商经营行业规定

根据泰国现行《外商企业经营法》规定，外国人可以在泰国全资拥有企业，但是不得从事《外商经营企业法》限制的某些特定的业务活动或其他法律禁止的活动。该法律将"外国人"定义为：（1）非泰籍的自然人；（2）未在泰国境内登记注册的法人；（3）在泰国注册登记并具如下情况的法人，（1）或（2）项规定的外国人在该法人公司的股份投资占比达到50%以上者，或由（1）项规定的外国人担任总经理者。因此，在泰国成立但51%的股份由外国人或外国公司持有的公司，将被《外商经营企业法》视为"外国"或"外籍"公司。

《外商经营企业法》规定了三类禁止或限制外商投资经营的行业目录：

第一类，由于"特殊原因"禁止外国人从事的行业，具体包括：

——报纸、广播电台、电视台；

——稻米种植、农场、园艺；

——畜牧场、林业、原木加工；

——在泰国水域和泰国专属经济区内进行渔业或水产捕捞活动；

——泰国草药提炼业；

——经营和拍卖泰国古董或具有历史价值的文物；

——制作或铸造佛像及僧侣钵盂；

——土地交易。

第二类，涉及国家安全稳定以及对艺术、文化、传统风俗、民间手工业、自然资源、生态环境可能造成不良影响的行业。只有在商务部提交内阁审议批准后外国人才能获得许可证从事这类商业活动，而且外国法人须由泰国人或非外国法人持股至少40%、且三分之二的董事须是泰籍人士。具体包括：

第1组：涉及国家安全的商业行业

——生产、销售和维修军用设备及装备；

——国内水陆空运输业。

第2组：对艺术文化、传统风俗、民间手工业有影响的商业行业

——经营古董、泰国艺术品和手工艺品；

——木雕生产；

——养蚕、泰丝生产、泰绸织造、泰绸花纹印制；

——泰国民族乐器制造；

——金器、银器、乌银镶嵌器、漆器制造；

——与泰国艺术文化相关的陶器制造。

第3组：涉及自然资源、生态环境的商业活动

——蔗糖生产；

——制盐业，包括地下盐和岩盐；

——采矿业，包括石头爆破或碎石加工；

——用于家具用品的木材加工。

第三类，泰国人缺乏竞争力的行业。只有获得商业发展厅厅长的许可，并经外商经营企业委员会批准，外国人才可以从事这类商业活动。如果一家外国企业获得此许可，该法人可100%由外资所有，且对泰国董事的最低人数没有要求。具体包括：

——碾米业、以大米及其他农作物为原料的面粉生产；

——渔业、水产养殖业；

——造林；

——夹板、胶合板、纸板及硬纸板生产；

——石灰生产；

——会计、法律、建筑设计、工程服务业；

——广告业、旅游业及餐饮酒店业；

——建筑业，除了在公共设施和通讯设施方面的、且外国资本少于5亿泰铢的投资，以及条例规定的其他建筑；

——代理人或经纪人，除了农产品期货和金融证券代理人或经纪人，为相关企业生产所需进行采购/销售的代理人或经纪人，采购销售泰国制造产品的代理人或经纪人，注册资本不少于1亿泰铢的国际贸易进口代理人或经纪人，以及条例规定的其他代理人或经纪人；

——拍卖业，除了有关泰国古董、艺术品和有历史价值的物品的拍卖，以及条例规定的其他拍卖活动；

——本地农产品的国内贸易；

——零售业，除了注册投资资本不少于1亿泰铢或单店资本不少于2,000万泰铢的公司；

——批发业，除了注册资本不少于1亿泰铢的公司；

——植物新品种开发和品种改良；

——其他服务业，除了相关部门条例下所允许的服务业。

此外，《外商企业经营法》还规定，若外国公司提供的服务不在第三类里，该公司必须在投入服务之前申请取得外国公司营业执照。这一类服务包括租赁固定和非固定资产的商务活动。并且，外国代表办事处和地区办事处也获准从事此类服务行业。

其次，若外国公司有意从事第三类中的零售业和批发业，也必须先申请并取得外国公司营业执照，但含有下列两种情况之一者无须申请外国公司营业执照：一是若有意从事零售业的外国公司注册资本1亿泰铢（全额投资）以上或每个零售商店资本为2,000万泰铢以上；二是若有意从事批发业的外国公司单个商店注册资本1亿泰铢以上。

2007年4月，泰国政府表决通过外商法草案修订。主要修改内容有：（一）容许外资拥有表决权，并将第一、第二类限制行业的缓冲期增加为3年；（二）加重非法代替外资持有股票（人头户）的刑罚；（三）决定把银行及保险等已列有特定看管法例的行业，从第三类行业目录中删除。

二、外国人就业规定

泰国《外国人就业法》规定所有在泰国工作的外国人在该国工作前都需取得工作许可，并对工作许可证的签发、延期程序，以及有可能禁止外国人从事的工作种类作了规定。

在泰国工作的外国人必须在开始工作前获得工作许可。工作许可开始的有效期限是根据泰国政府签发的非移民签证所允许在泰国的居留时间为3个月，超过时限须向泰国移民局申请延期居留。因此工作许可将根据签证的延期和更新而进行更新。对于持有泰国居留证的外国人，工作许可证可每年更新。劳工厅具体负责办理更新事宜，原则上工作许可的初始有效期限是一年。工作许可证必须在其到期以前更新，否则将自动失效。

外国人不能从事的工作或行业：

——职业介绍所；

——农业、动物饲养、林业、渔业及普通农场管理；

——采石业、木材业或其他建筑工作；

——机动车或非机动车运输，国际航空飞行员除外；

——木雕；

——商场服务员；

——拍卖；

——监察、审计、会计服务，偶尔的国际审计除外；

——宝石切割、打磨；

——理发、美容；

——手工纺织；

——席垫编织或用芦苇、稻草及竹纤维制作的物品；

——手工纤维纸的制作；

——漆器；

——泰国乐器制作；

——银制品制作；

——金匠、银匠或其他贵金属工作；

——青铜制品制作；

——泰国玩具制作；

——床垫和衬垫毯子制作；

——衣钵制作；

——手工丝制品制作；

——佛像制作；

——小刀制作；

——纸伞、布伞制作；

——制鞋；

——制帽；

——经纪人或代理商（国际商务除外）；

——服装；

——陶瓷；

——卷烟；

——法律或诉讼服务；

——牧师或秘书服务；

——手工丝绸纺织；

——泰文打印、排版；

——零售；

——导游或旅行社；

——建筑设计；

——工程。

三、签证和移民规定

除一些特定国家的公民以及在泰国过境的游客之外，其他人员都须持有泰国签证方可进入泰国。在泰国工作以及经商的外国人除了签证外，还须获得工作许可证。

泰国《移民法》规定有五种类型的签证：

——旅游签证；

——旅游过境签证；

——移民签证；

——非限额移民签证；

——非移民签证。

（一）旅游签证：到泰国旅游的游客可以申请 60 天的旅游签证，并且可以在移民局续签。一般续签一次可以延期30 天。

（二）旅游过境签证：取得过境签证的外国人可以在泰国停留 30 天。签证延期一般为7~10 天。旅游签证和旅游过境签证持有者不能在泰国工作。

（三）移民签证：对前往泰国定居的移民，泰国严格控制。对获准入境就业或投资考察，一般只发给非移民签证。

泰国政府允许中国公民每年向泰国移民200人。对希望移民至泰国的外国人，必须依照配额规定办理，且须在未入泰国之前在泰国使领馆申办。

1. 亲属移民

根据泰国《移民法》规定，中国公民需具备如下条件之一者，方可申请赴泰国移民定居：（1）泰国公民的配偶与父母（包括养父母）；（2）泰国公民的子女（含养子女）；（3）泰国公民的兄弟姐妹，年龄必须是未成年的兄弟姐妹，且在异国他乡无人照养者；（4）泰国《移民法》规定的其他特殊情况者。

按照泰国《移民法》规定，凡具备移民条件者，申请人可委托在泰国居住的亲友，向泰移民局提出申请，或申请人持有关证件，向泰国驻华大使馆提出申请。递交的证件包括：泰国亲友身份证影印件，泰国亲友的经济收入证明书或财产状况证明书，特别要提供房屋等不动产证明书，泰国亲友与申请人之间的关系认定书，泰国亲友的有关信件，本人的护照和照片等。

泰国驻华使馆领事部接到申请书及有关材料后报泰国移民局，对申请进行审查认定，经核实，泰国驻华使馆官员将向申请人签发移民签证，申请人可持护照赴泰国定居。

2. 结婚移民

外国人可与泰籍人士结婚而取得永久居留资格。但若外国男子娶泰国女子为妻，其所生子女要跟父籍，只准许居留，不能入泰籍。泰国男子娶外国女子，所生子女则可取得泰国籍。

3. 专业人员移民

外国专业人士或学者在泰国获准长期居留的条件：（1）专业人士或学者的专业是对泰国有利的，便可获发居留许可；（2）每年最低收入为1万美元；（3）年满25岁或以上。申请长期居留只限于泰国本土缺乏的专业人士，且要由欲雇用你的泰国有关机构在泰国进行申请。凡个人知识、专业能力、拥有财产达到政府规定程度的，可以申请永久居留。获发居留许可的专业人士或学者可无限期在泰国居留。其家庭成员（配偶、父母及在21岁以下的未婚子女）也可获得在泰国的居留许可。任何已获得居留许可的人士若要在泰国工作，必须申请工作许可证。

4. 投资移民

外国人投资不少于1,000万泰铢的金额，经内务部的批准及咨询后，可获得永久居留。在申请期间，申请人可获准暂逗留泰国，直至泰国有关部门对其申请作出决定为止。给予外国投资者、专家与技术人员永久居留资格，主要是为促进外国投资及泰国的科学技术发展。外国投资者的投资项目，必须符合投资推广的项目。泰国投资促进委员会编有《投资委员会指南》，列出受欢迎的投资项目。最低投资额由100万泰铢至300万泰铢不等，视投资类别而定。（1）对符合投资促进委员会推广的项目，投资委员会将不会考虑项目的细节，但会考虑投资规模、投资者的资格及股权结构（普通股）；（2）投资资金必须投资于为实施投资项目而成立的有限公司的普通股；（3）自获得居留许可的3年内，投资者须遵守所有投资规定。

投资者可为本人的直系亲属申请赴泰国长期居留：①配偶；②父母；③最多3名在20岁以下的未婚子女。外国投资者可通过购买由财政部及泰国银行发行的政府债券，而获得永久居留。有关的规定如下：（1）投资者，800万泰铢；（2）配偶，600万泰铢；（3）每名子女（未婚及20岁以下），200万泰铢。以投资者购买债券的文件和投资者的资格，作为审批永久居留的条件。

（四）非限额移民签证：包括失去了居住证但要求重新申请恢复居住权以及有令人信服的理由证明取得这类签证的人员。

（五）非移民签证：包括商务签证（B）、家属签证（O）、投资促进委员会审批的投资项目（BOI，IB类）、外交领事签证（D）、公众媒体公务签证（M）、技术专家签证（EX）、投资签证（IM）、学习签证（ED）。非移民签证的持有者可以在曼谷的移民局申请多次入境签证；可以根据移民局有关规定，申请泰国永久居住权；可以申请工作许可证。

外国人须严格遵守各类签证的有关规定，居住地址如有变更，应在24小时内向当地警察机构报告。另外，在泰国持续居住超过90天的外国人须每90天向移民局登记他们的住址。这项规定对于工作许可证的持有者以及长期签证的持有者同样适用。违反者将给予处罚。

BOI一站式服务中心通过与移民局、劳工部的合作，可以在收到文件3小时内处理签证的申请以及延期事宜。另外，中心还处理其他的事务，如签发多次入境、签证类型的更改、代收罚金等。

工作许可证在签证的有效期内有效，并必须每年更换。如申请更新工作许可证，须出示上一年的纳税税单。

外国人如在泰国投资，以及符合其他规定的条件，可以申请永久居留证。申请人可以向BOI或移民局申请。

根据《移民法》规定，外交官或经泰国政府许可在泰国执行公务的外国人、政府和他国政府双边协议下执行公务的外国人、在泰国的国际机构官员以及上述人员的家眷包括外交官员的私人服务人员，不受《移民法》规定的签证要求约束。

四、国际银行设施规定

1993年9月16日，泰国财政部和中央银行颁布了关于商业银行设立国际银行设施的规定。执照年费是50万泰铢。取得该执照的商业银行可以运营以下国际银行设施：

（一）离岸贷款

接受来自未在泰国从事商业活动的外国自然人或法人的海外外汇存款和贷款。但是不接受来自外国银行泰国分支机构、泰国商业银行海外支行、财政部、中央银行或外汇平衡基金的外汇。外汇可以放贷给海外、其他国际银行设施行业、财政部、中央银行或外汇平衡基金。接受来自离岸银行、泰国商业银行海外支行和其他国际银行设施的离岸泰铢资金的存款和贷款。这些资金可用于放贷给外国银行、泰国商业银行海外支行或其他国际银行设施行业。

（二）本地贷款

接受来自未在泰国从事商业活动的外国自然人或法人、泰国商业银行海外支行和其他国际银行设施行业的海外外汇存款和贷款。但是，每一笔支出和支付不得少于200万美元，下列情况除外：

——在上一会计年中，出口人收入的50%以上而且至少50万美元来自出口。

——出口人拥有50%以上而且至少50万美元的产品或服务用于出售给另外出口人。

其他相关业务

——与海外客户、其他国际银行设施行业、中央银行、财政部、外汇平衡基金、符合外汇管制法的银行以及从其他国际银行设施行业获得外汇贷款的本地客户的跨币种交易业务。

——提供接受或担保在外汇管制法下的银行或居住外国的当事人的外汇债务。

——处理信用证采购合同涉及居住在国外的买卖双方，而且合同中涉及的货物既没有从泰国出口也没有进口到泰国的信用证案件。

——获得或管理联合企业从外国获得的外汇贷款所需外汇。

五、外汇管理规定

泰国现行的外汇管理规定并不限制外国投资者将资金转移到泰国，对于进入泰国的外汇如投资基金、离岸贷款等没有限制，但是这些外汇必须在收到或进入泰国7天内卖给或兑换成泰铢，或存在一家授权银行的外汇账户上。对每一宗超过5000美元或相当的上述外汇的出售、兑换或存款业务，都必须提交FT3或FT4的申请表格给一家授权银行。

同时，在所有适用税务清算之后，投资基金、分红和利润以及贷款的偿还和支付利息，可以自由汇出。同样，本票和汇票也可以自由汇出境外。

进口商可为进口的支付而自由购买或从本人的外汇账户上提取外汇。进口商不需要得到泰国银行许可，但在进口货物或交易价值超过50万泰铢时则必须提交FT2表格以及货物提单给客户。而出口可不受任何外汇管制。但是出口收入或交易超过50万泰铢以上时则必须在自出口日120天内收到外汇并交一家授权银行或在收到外汇7天内将其存入授权银行的外汇账户。

六、泰国证券交易所

泰国证券交易所（SET）成立于1972年，由管理委员会监管。委员会由11名委员组成，其中5名来自泰国证券交易委员会（SEC），5名来自上市公司，以及1名从上届委员会成员中选举出来的全职主席。

泰国证券交易所负责处理公司申请上市，包括确保申请人的资格和提交准确信息和文件。同时还负责公布上市公司必要信息和监督上市公司全部交易活动。

泰国证券托管中心是泰国证券交易所的一个下属机构，主要业务包括集中保管，结算交割。泰国证券交易所拥有广泛的权益和债务证券，上市证券包括普通股、优先股、债券、权证、衍生权证和单位信托。

至今，泰国证券交易所有28个经纪人席位，成员公司必须是财政部许可的从事证券经济活动的证券公司。

泰国证券交易所上市公司全部为大众有限公司。上市公司不仅允许公司通过资本扩张获利，而且还要满足股东的投资流动和享受公司的利润分红的利益。

《外商经营企业法》放宽某些行业的外国人所有权限制，包括证券行业。外国拥有全部股份的证券公司可以从事证券经济业务。但是，如果证券公司从事其他种类的证券活动，例如：发牌、担保、投资咨询服务、共同基金或私募基金管理和证券借贷等，须得到商务部商业注册局的许可。

七、外国人使用土地规定

泰国的《土地法》和《投资促进法》都对外国人在泰国投资的土地使用作了相关规定。一般来说，除泰国政府许可的工业用地外，泰国禁止外国人拥有土地。但是，泰方拥有50%以上股份的公司可以合法拥有土地。若经投资促进委员会批准的鼓励投资项目，外国投资者则可以根据《投资促进法》购买土地。外国人持有50%以上的享受优惠权益的公司可以申请土地所有权，须向投资促进委员会提交相关文件，并附土地方位图，建筑设计及土地所有权证书一份。投资促进委员会核准土地面积后，将核准函寄给申请者并通知土地部门和当地政府。另外，通过投资促进委员会许可的石油特许权项目，可以拥有他们业务所需土地。

根据1999年修订的土地法规定，如果外国人从国外携入不少于4,000万泰铢的投资款，按程序申请并经泰国内政部批准后，可以拥有不超过1莱土地（约合2.4亩，1,600平方米）作为居住用地，土地位置应在曼谷市区、芭提雅或其他《城市规划法》规定的地区，经营的行业必须对泰国有益且投入资金在泰国至少保留3年。

外国投资者也可以采用租赁土地形式，租用土地建造房屋并拥有建筑物所有权。按《民商法典》与泰国人签订租赁土地合同，合同期限不超过3年，若超过3年则需到泰国土地厅办理备案登记手续。一个租期最长不得超过30年，但到期时可办理续租手续，再续30年。然而，根据《工商业不动产租赁法》的规定，如果提供书面材料且经土地厅登记备案，可以允许外国投资者租赁不动产超过30年但不得超过50年，并可在50年期满时再办理50年的续约手续。

另外，《公寓法》规定，外国人可以购买公寓产权，一般来说面积不得超过整个大厦总面积的49%。

八、生产经营规定

泰国颁布的《商品及服务价格法》和《商业竞争法》，保护了外国投资者的生产和经营活动。

《商品及服务价格法》的保护措施主要是规范商品及服务的价格，采取措施防止获取暴利及过度囤积管制商品。

《商业竞争法》主要对以下四类商业行为采取限制措施：

——经营者滥用其独占地位的行为；

——经营者对某一商品或服务市场进行联合垄断，减少或限制竞争的行为；

——经营者与国外经营者建立商业往来关系，以使本国的居民在直接向国外经营者购买自用商品或使用服务方面的机会受限的行为，无论其与国外经营者之间的关系是通过合同、政策、合伙关系、股权还是其他类似方式结成；

——经营者采取任何违反自由公平竞争的手段，导致破坏、毁损、阻碍、妨害、限制他人经营业务，或不让他人从事经营致使其经营终止的行为。

《商业竞争法》也是处理经营者给顾客、中小企业经营者及其他人群设置障碍、导致不公平竞争行为的根本法律依据。

九、国际贸易规定

泰国商业部的出口促进厅和财政部的海关厅对从事国际贸

易的公司提供必要的支持和帮助。

通常来说，产品的质量、标准、技术等方面的限制会极大影响一个公司的市场运作。出口促进厅通过提供产品标准措施服务，提升产品和服务质量，达到ISO 9000、ISO 14000、ISO18000等国际质量体系标准，帮助公司进入国际市场。出口方面，海关厅可以给予出口公司相当多的优惠和鼓励条件，如对于生产出口产品所必需的进口原料免进口税等。

十、财税管理规定

泰国商业部商业发展厅的商业监管局和财政部税务厅可以为公司提供会计和税务方面的帮助。商业监督局下设的商业会计处具体负责监督公司的会计行为，保证公司会计记录和业务符合国际公认会计准则，公司的财务报表经注册会计师审计验证。

公司经营者必须在每一会计年度结束后的5个月内提交公司的年度财务报表。税务厅负责监督公司的纳税行为，一般公司经营主要涉及四个税种，即按超额累进计算的个人所得税，按净利润30%征收的法人所得税，针对银行、保险、房地产等某些行业征收的特别营业税，以及销售货物或应税劳务按7%税率缴纳的增值税（少数业务为0税率），应纳增值税额＝销项税金－进项税金。

银行业、证券业、典当业、保险业等行业属于缴纳特别营业税的范畴，向税务厅及其分支机构缴纳，但销售房地产的特别营业税由土地厅向买卖双方征收。增值税是向销售原材料、产品及应税劳务的经营行为征收，年销售额低于120万泰铢的免征。一些不征增值税的行为要缴纳特种营业税。

十一、劳动保护规定

根据泰国《劳动保护法》，忽视该法的雇主将受到5000~
20,000泰铢的罚款和长达一年的监禁。家庭服务员（做家务的
人员）不包括在"雇员"的定义里面，不在该劳动法涉及之
内。所有其他雇员，无论是全职、兼职、季节工、偶然性的、
暂时性的或是合同工，都包括在内。

该法对雇员的工作时间及节假日、病假、解雇费、终止雇
佣及雇员福利基金等作了详尽的规定，充分保护了劳动者的权
益。同时，还有一些对有关女工和童工所能从事的工种采取的
限制，并确定了工资和加班以及解决劳工管理纠纷的准则。如
果雇员在工作期间受伤、患病或死亡，则要求雇主对该雇员支
付赔偿金。泰国法律要求雇主提供福利设施，包括医疗和卫生
设施。

总体来说，泰国劳动法在管理劳工方面提供了相当大的自
由空间。而且，政府对于企业迫于经济形势而采取的精减人员
的政策并不干涉。

第五章
中泰关系

本章导读

☆中泰两国是近邻，两国人民的交往有着上千年的历史。自1975年中泰两国正式建交，中泰传统友谊得到了恢复，两国人民互信互利，成为了不同社会制度国家睦邻友好和互利合作的典范，形成了今天"中泰一家亲"的和睦局面。本章将从中泰关系的过去、现在和未来三个层面对中泰关系进行解读，既追根溯源，访古探史，又立足现状，着力于当下，期冀未来发展之趋向，以让读者了解中泰关系的渊源，中泰在政治、经济、军事和文化方面发展的现状，相信中泰关系的明天更美好。

第一节 中泰关系历史回顾

中泰友好关系源远流长。早在汉代，"汉之驿使"就途经湄南河流域，马来半岛北部前往南印度的黄支国。从汉代至三国时代，中国人已经知道湄南河流域有一个古国称为金邻国。到南北朝时，位于马来半岛北端和湄南河流域的古国，如狼牙修、盘盘、投和（堕罗钵底）等，已开始遣使入访中国。隋代有赤土，唐代有哥罗、哥罗舍分、参半等国遣使入访中国。到了宋代，湄南河流域的古国多为真腊的属国，如丹流眉（登流眉）、罗斛、真里富等，也派遣使者到中国进行友好访问。

元代是中泰交往全面发展的时期。位于今天泰国北部的古国哈里本柴、八百媳妇同元朝有了官方交往，并遣使入访中国。位于泰国中部和南部的素可泰（速古台）、罗斛和暹国也与元朝建立了官方交往，经常遣使入访中国。后来，暹国与罗斛合并，又控制了素可泰，中国史书就记载暹罗斛或暹罗常遣使"朝贡"。

明朝时期，正值阿瑜陀耶王朝时期。这是中泰关系史往来最为频繁、亲密的时期。据记载，在整个明朝的276年中，阿瑜陀耶王国派遣使臣来华访问计有112次，有时一年达6次。明朝派遣使臣访问阿瑜陀耶王国19次。明朝三宝太监郑和曾两次出使阿瑜陀耶王国，受到友好款待，加深了中泰友谊。随着使节的往来，两国经贸与文化也频繁交流，华人到泰国经商、定居者逐年增多，有的华人还充当王国使臣的通事、副使，乃至正使。

清朝的200多年间，泰国的阿瑜陀耶王朝，继起的吞武里王朝和现今的曼谷王朝的前期，与清朝仍保持密切交往。这时，泰国对外贸易的主要对象是中国。曼谷王朝拉玛二世时，约有86%的泰国商品运往中国销售，进入泰国的中国商船也超过所有外国船舶的总量。在泰国境内从商的主要是华人。

1853年泰国遣使来华，适值太平天国运动风起云涌，"贡使竟不能至"，泰王遂下谕，停止入贡中国。自两国朝贡关系终止后，中泰关系进入冷淡时期，官方往来稀少。曼谷王朝五世王时期，两国官方关系中断，但民间的关系并未受到影响。19世纪中叶，由于中国社会的变乱，东南沿海地区的人民为了谋生由中国迁移到泰国的人数逐年增多。此时的泰国正处于社会改革时期，需要大批的劳动力，迁入的华人并没有因无正式邦交而受到排斥。

辛亥革命时期，孙中山为了争取到泰国华侨、华人的支持，曾先后三次赴泰，宣传资产阶级民族革命的思想，成为中暹关系在这一时期的一件大事。

19世纪70年代末期，泰中两国官方关系中断后，非官方关系仍然继续进行，但对华人的限制条文多了起来。19世纪末，两国关系逐渐恶化，主要表现在对待旅暹华人的政策上。1900年以后，暹罗政府开始向在暹罗华人征收人头税，原来给予华人优待的有关条文被取消。第一次世界大战后，暹罗外交政策出现亲日倾向，而中暹关系更趋恶化。

20世纪30年代，暹罗政府亲日倾向日益明朗，中暹关系恶化也逐渐公开化，暹罗政府开始推行排华政策。波·披汶颂堪政府在第二次世界大战中倒向法西斯阵营，并追随日本进行扩张侵略的行径，不仅恶化了中暹关系，而且也将暹罗引向深渊。1945年，日本宣布无条件投降，銮披汶内阁辞职，自由泰政府开始执政，中暹关系紧张的时代才宣告结束。

第二次世界大战结束后，中国政府通过美国转告泰国政府，愿意与泰国建立正常的外交关系。自由泰政府为了早日摆脱战败国的地位和加入联合国，需要作为联合国安理会5个常任理事国之一的中国的支持，也需要与中国建立正常关系。1946年，中泰两国在曼谷签订了《中泰友好条约》，两国恢复了邦交。1947年，曾被当作战犯逮捕和监禁的泰国亲日内阁总理波·披汶颂堪获释后，发动军事政变，推翻了基础较弱执政仅3年的自由泰文人政权，东山再起。泰国军人集团执政后，又开始迫害进步华侨，封闭进步华人报刊，煽动排华风潮。中泰关系又进入冷淡时期。

自1949年中华人民共和国成立至1974年，泰国的历届政府均拒绝承认中华人民共和国，奉行敌视中国的政策。

第二节　中泰关系现状

中泰两国自1975年建交以来，在友好、平等、互利、互惠基础上，稳步发展了经贸、政治、安全、文化等各领域的友好合作。1999年2月，中泰两国签署了《中华人民共和国和泰王国关于二十一世纪合作计划的联合声明》，为两国在21世纪"进一步拓展双方之间睦邻互信的全方位合作关系"制订了应当遵循和实施的框架和方针。2001年初，泰国总理他信·西那瓦上台后，以更为积极进取的态度推行既往政府一贯坚持的对华友好合作政策，并表现出进行战略性合作的意愿，其主要特点是：仍以发展双边经贸合作为外交导向和工作重点，同时努力提高两国在各领域的全面合作层次，特别是在国际和地区事务上共同发挥更大的作用。2001年8月在他信总理访华时，中泰两国在《联合公报》中表示，双方领导人"同意巩固中泰之间业已存在的传统友谊，并推进双方战略性合作"。2003年10月与中国签署《中国—东盟战略伙伴关系联合宣言》后，在战略层面发展泰中友好合作关系已成为泰国政府外交工作的重点之一。

一、中泰之间的政治外交

在中泰外交关系建立后，中国领导人先后对泰国进行了访问。1978年时任总理的邓小平访问泰国；1981年赵紫阳访问泰国；1985年李先念访问泰国并获法政大学颁发名誉经济学博士学位；1988年和1990年李鹏先后两次访问泰国；1991年杨尚昆访问泰国；1999年江泽民访问泰国； 2001朱镕基访问泰国；2003年温家宝访问泰国；2004年胡锦涛访问泰国。与此同时，每位当任泰国总理都会来中国进行访问。1978年江萨·差玛南上将访华；1980年和1982年炳·廷素拉暖上将先后两次访华；1989年差猜·春哈旺上将先后于3月和10月两次访华；1991年阿南·班雅拉春在第一次担任总理期间访华；1993年川·立派访华；1996年班汉·西巴阿差访华；1997年差瓦立·永猜裕上将访华；1999年川·立派在第二次担任总理期间访华；2001年、2004年和2005年他信·西那瓦多次对华进行访问；2006年素拉育·朱拉暖上将赴南宁出席中国—东盟纪念峰会并与温家宝总理进行双方会谈，并在2007年对华进行正式访问；2008年沙玛·顺通拉卫访华；2008年颂猜·翁沙瓦访华参加亚欧峰会并与温家宝总理进行会谈；2009年阿披实·维乍集瓦访华。中泰两国领导人的到访更加增进紧密了两国的关系，同时，使得双边合作与利益协调不断得到增强，中泰关系也稳定长久持续迄今。

除了国家领导人的互访外，双方外交部长还定期举行磋商，而且，双方外交部资深官员，特别是次长级别官员，每年双方都轮流举办磋商会议。政府间的政治合作与协商使得双方党与党之间关系的重要性降低而显得无意义。两国双方的互访也扩大到各个部的部长及各部官员，紧密了双方的友谊与合作。

虽然泰国政府频繁更替，但在发展对华关系上保持了连续性，始终把对华关系作为泰国对外关系的重点。在促进中泰关系发展方面，泰国国王和王室成员发挥了特殊作用。普密蓬国王十分重视中泰关系的发展，在多次会见中国领导人时都对中泰关系的健康、稳定发展给予高度评价，并积极支持中泰文化交流。国王关于"中泰关系密不可分"的崇高评价，成为指导泰国发展对华关系的至理名言。2000年10月，诗丽吉王后代表普密蓬国王对中国进行了成功的访问，这是诗丽吉王后首次访华。她的访问，为中泰关系发展史增添了光彩。王室的其他几位成员也都多次访华。普密蓬国王和王室成员，身体力行地推动中泰文化交流，在泰国产生了重大影响。他们为加深中泰两国人民的相互了解，增进中泰两国人民的友谊，推动中泰两国友好关系的发展，作出了杰出贡献。

二、中泰之间的经贸合作

中泰经贸关系始于1974年石油换大米。统计显示，中泰建交初期，两国的贸易额为2,100万美元；1995年增加到33.62亿美元；2000年达66亿美元；2004年达173亿美元。2005年前三个月，中泰进出口总额达47.8亿美元，同比增长25.9%。中国已成为泰国第三大贸易伙伴，泰国则为中国第14大贸易伙伴。为了满足经济增长和双方合作的需要，在2005年，中泰双方共同签署了《2005—2010年中泰战略框架合作协议》，以促进双方在贸易、投资和旅游方面的合作。在协议中明确制定了双方在各领域的共同目标：在贸易方面，贸易总额达到500亿美元；在投资方面，投资总额达到65亿美元；旅游方面，双方的游客总人数达到400万人次，其中泰国游客100万人，中国游客300万人。此后中泰的经贸关系一直得到持续的发展。在2010年前7个月，中国成为泰国最大的出口市场，超越了美国和日本，出口总额达110亿美元。同时中国也是泰国第二大进口国，进口总额达130亿美元。

中国企业在泰国投资起步较晚。1986年，在泰国的合作项目只有10多项。项目也仅限于贸易和承包劳务类。至近年来，泰国政府对于来自中国的投资者给予了极高重视，中国企业也逐渐将眼光投向资源丰富、制造加工业发达的泰国。随着2010年东盟—中国自由贸易区的正式建成，东盟国家也成为中国投资者最为关注的目标之一，而泰国因其战略性的地理位置成为中国企业首选的投资目的地。根据泰国投资促进委员会的最新报告，从2000年到2010年6月，中国的投资申请有204项，总投资额超过30亿美元，2010年中资企业在泰国申请投资额约为100亿泰铢，名列第五，仅次于日本、欧盟、东盟等经济体。中资企业在泰投资覆盖面广，如：家用电器、电子配件、汽车配件、替代能源和轻工业。已经投资的知名企业有：海尔集团和TCL集团。

90年代初，中国的改革开放取得了重大成就。特别是在1993年邓小平南巡讲话之后，中国更开始了一轮吸引外资的新高潮，泰国的各主要大财团和企业集团也就在这一时期先后进入中国投资，从而使泰国成为东南亚国家中在中国大陆投资数额处于第二位的国家。据统计，自2005年到2009年的上半年，泰国在华投资项目多达416项，投资额超过47亿美元。泰国来华的产业主要是农产和肉禽加工、零售业、水疗和餐饮业。来华投资的知名企业有正大集团和中央商行。目前，正大集团在中国的投资近50亿美元，设立企业200多家，员工人数超过8万人。

　　中泰建交后35年间，泰国对中国的投资累计达82亿美元，中国在泰国的投资累计达到5亿美元。

　　此外，中泰之间的次区域经济合作目前主要包括四角经济合作和大湄公河次区域经济合作。对泰国而言，次区域经济合作虽在短期是局部性的，直接目的在于推动北部和东北部边远地区的经济发展，但在长期却是全局性的，将有利于解决泰国城乡和地区经济发展不平衡的国民经济增长的结构性难题，确保启动内需战略的实施，使泰国经济走上稳定健康的发展道路。在中国—东盟全面经济合作框架协议下，中泰果蔬贸易早于2003年10月1日起开始实施零关税。2011年2月，中国国家质量监督检验检疫总局和泰王国农业与合作部在昆明签署一项议定书，就中泰双方经中国云南昆明至泰国曼谷公路进出口水果检验检疫要求达成一致意见。中泰双方确定，此项议定书签署后即生效实施，双方即按相关要求合作开展昆曼公路"水果贸易"检验检疫相关工作。这标志着，中泰联合开启了昆曼公路"水果贸易"通道。另外，随着中国—东盟次区域合作的深入，泛北部湾经济合作在包括中国、越南、泰国和菲律宾等国共同努力下，合作共识不断深化、领域不断拓展、成效不断显现，渐成中国—东盟自贸区框架下的次区域合作新平台。泰国重视泛北合作，愿意在交通、物流、农业、贸易投资、旅游等方面开展多方合作。泰方希望能够在泰国建设深水港口和广西防城港连通，把泰国和中国的华南及其他地区通过海陆联系起来，以弥补这个地区陆路交通的不足，泰政府计划投入更多的资金建设物流网络，推进南宁—新加坡经济走廊建设。泰国认为，南新经济走廊的建设，将促进泰国的铁路发展，推动泰国基础设施建设，对泰中经贸合作发展具有重要意义。当前，泰国正在大力拓展经老挝、越南到中国的经贸及旅游合作通道，期待进一步拓展中国市场。

三、中泰之间的军事安全合作

中泰建交之后，中泰关系进一步发展扩大到安全合作与军事合作，特别是柬埔寨被越南侵略之后，使得泰国重视与中国的安全合作，重视在东盟建立区域稳定和平。中国也重视泰国对柬埔寨为独立而进行反侵略的帮助，重视泰国在其中的利益关系，相互间高度理解与信任，是两国双方进行军事合作的重要基础。

2001年他信政府时期，时任国防部部长的差瓦立·永猜裕上将极力促进泰中军事学院间关系，并向中国国防部部长迟浩田提议泰中应每年举行双方国防部会议，中方同意。第一次会议在2001年12月启动，之后中泰国防部年度会议一直进行到现在。在东南亚地区，泰国是唯一与中国建立双边军事合作的国家。

中泰之间的军事合作可以总结为以下四个方面：

（1）观摩军事演习。2002年泰方邀请中方派代表者观摩"金蛇眼镜蛇"周年军事演习。自此，中国每年都有派代表者赴泰观摩军事演习。2003年中国邀请泰方派代表到内蒙古观摩"北剑"军事演习、2004年观摩Iron First的实弹军事演习和2005年观摩"北剑"军事演习。

（2）军事学院的学生交流。中国邀请泰国军方派高级军官学习为外国军官开设的国防保卫专业，以交流战略思路和经验。此外，泰国军官还可获得奖学金学习中文，促进对中国的理解和合作。

（3）联合军演。2005年中泰海军举行联合军事演习，有中国的"深圳"号战舰，运输舰与泰国的"昭帕亚"护卫舰参加执行海上任务。这可算是中泰第一次联合军事演习，尽管不是大型军演。2007年，在广州联合进行了 "Strike 2007" 军演。

（4）购买军械。泰国从中国购买各种军械，是东盟国家里面第一个购买中国武器的国家。如：T-69-II坦克、APC装甲车、高射机枪、C-802地对地火箭。

至于安全合作方面的行动，侧重于新形式的安全合作、反恐、非法贩卖毒品、武器、贩卖人口、洗钱和海盗。为了达到七方面的目标，中泰定期举行军事人员与专家的磋商会议。

四、中泰之间的文化交流

中泰两国的文化交流涉及体育、文艺、卫生、教育、宗教等众多领域。泰国人民对中国的文化和历史有着浓厚的兴趣，而中国则经常派遣艺术团和杂技团到泰国演出，如广州杂技团及多个省市的艺术团都曾到泰表演。泰国民间团体与官方也在促进两国文化交流方面扮演了重要角色，如泰华记者协会、正大集团等。1999年9月，泰国政府派泰国艺术团前往中国北京、上海、广州等各大城市演出。

泰国的华文教育历史悠久，始于何时已无从考证。最初的华文教育可能是移居泰国的华侨聘请家庭教师到家里为子女教授华文，后来随着华侨人数的增多便兴办起了华文学校。在泰各个华侨社团也纷纷开办华文学校，如华益小学、进德小学及坤德小学等，后来还扩展到中学教育，如培英中学等。

1975年泰中建交后，朱拉隆功大学和法政大学先后开设了华文选修课程，进而发展为本科，每年都培养一批通晓汉语的人才。因而，又有不少大学也相继开设了中文学科。热衷于学习中文的泰国人也在不断增加，其中不少青少年都利用暑假前往中国学习中文。泰国不少国立和私立大学也开设了汉语言学士和硕士专业。部分大学还与中国高校互派教师和学生进行学术交流和学习。

目前，泰国的华文教育得到了孔子学院的鼎力支持。孔子学院是中国政府在各国设立的以推广汉语言文化为目的的社会文化教育机构，其中孔子学院属高等教育机构，孔子学堂属中等教育机构。自2005年开始，由中国国家汉办负责派遣中文老师或志愿者往各地教授汉语及中国文化。2006年，第一间驻泰孔子学院在孔敬大学成立，至今已发展到12所。目前有60余万泰国人在学习汉语，教育合作已成为两国友好合作的新亮点。

中泰两国民间交往日益密切，中国人民对外友好协会对发展民间的友好关系发挥了重要作用。此外，对中泰文化交流作出杰出贡献的还有被誉为"泰中人民友谊的友好使者"——泰国的诗琳通公主。泰国诗琳通公主是首位将足迹踏遍中国各省市的中国友邦的王室成员。公主殿下在每次出访之后都会写下游记。诗琳通公主著作丰富，其中有关中国的著作就有11本之多，有《踏访龙的国土》（1981）、《平沙万里行》（1988）、《雾里霜柱》（1993）、《云雾中的雪花》（1994）、《云南白云下》（1995）、《清清长江水》（1996）、《回归大中华》（1997）、《江南好》（1999）、《黄河：文明的摇篮》（2000）、《我的留学生活》（2004）等。诗琳通公主的这11本著作对了解中国的社会文化及有关中国各方面的发展变化有莫大的裨益。

第三节　中泰未来关系展望

在未来相当长的时期内，如果没有外部因素的强烈干扰，泰国政府将继续奉行对华友好合作政策，并有可能在合作程度上进一步深化，甚至实现泰中两国在战略层面上的密切合作。其合作将呈现如下三个特点：

首先，和平共处五项原则仍然是未来两国关系健康发展的基础。1975年《中泰建交联合公报》中指出："中华人民共和国和泰王国政治、经济和社会制度的不同不应该妨碍按照互相尊重主权和领土完整、互不侵犯、互不干涉内政、平等互利、和平共处原则发展两国和两国人民之间的和平友好关系。"我们应该看到，尽管中泰两国政治、经济和社会制度不同，但两国都属于东方国家，不仅地理上相近，而且有许多民族、文化、历史方面的共同点，加之中泰两国间也不存在领土争端、民族纠纷等这一类根本性的利害冲突，这就为和平共处五项原则的贯彻创造了有利的环境。更重要的是，由于中泰两国长期以来同受东方文化的熏陶，两国政府在主权问题、领土问题、内政问题、人权问题、平等问题上都有许多一致和相似的看法。在对和平共处五项原则的理解上是一致的，与某些西方国家的价值观念和判断标准完全不同，这是中泰双方在诸多问题上能取得一致的基础。

第二，两国在经济上有着共同的利益。近年来中国经济发展迅速，国民经济年增长率都超过了10％，最高时接近20％。这种高速增长的局面将是使产业结构调整升级，从而需要吸引更多的外来投资改变产业结构，适应多样化的市场需求。同时也需要扩大对外贸易的规模和范围，以达到逐渐上升的消费水平和生产要求。从泰国方面来看，由于受发达国家贸易保护主义的影响，以及制造业面临的原材料短缺、工资上升引发的劳动密集型产业生产成本上升等问题的制约，势必要扩大海外投资，把某些产业转移到国外，而中国正是泰国近在咫尺的大市场。未来的中泰经济关系必然要以投资合作，特别是泰国对中国的投资作为合作的重点，由投资的发展来牵动贸易的扩大和增长。此外，中泰双方正在进行协商的大规模经济合作项目包括了正大集团和邦巴功工业区联合在上海嘉定建立工业园的计划，中国石油化工总公司与泰国石油机构和正大集团合资在泰国建立亚洲石油公司，以及中泰双方在澜沧江—湄公河流域进行的国际合作开发。这些大规模经济合作项目和开发计划的逐步实施，必将会进一步加强两国间的睦邻友好关系，促进双边贸易和经济合作，吸引国际资本和国际援助，增进两国的旅游和文化交流，成为中泰合作再上新台阶的突破口。

第三，共同参与地区合作，以地区合作促进双边合作。近10年来，中泰两国在地区发展问题上加强了合作。在中国—东盟自由贸易区建设、大湄公河次区域合作、金三角地区禁毒合作、防治艾滋病合作、防治禽流感合作等地区性合作中，中泰两国相互支持，积极促成地区合作的实现，并通过推动地区合作进一步巩固和发展中泰关系。

但是，作为东南亚地区的小国，泰国的外交政策很容易受到外部因素的干扰而偏离现有的发展轨道。目前而言，最有可能对泰国外交政策产生影响的外部因素主要有两个：其一是东盟因素。"立足东盟"是泰国外交政策的基石，泰国的对华政策必然要与东盟其他国家的对华政策相协调，并在一定程度上呈现共进退的态势。其二是美国因素。作为全球唯一的超级大国，美国不但是泰国主要的贸易伙伴国，而且还是泰国最重要的军事盟国，美泰两国每年都要举行代号"金眼镜蛇"的联合军事演习。故而，美国的对华遏制政策难免会对泰国发展对华友好合作关系的步伐产生牵制作用。

另外，在发展态势良好的中泰关系的大范畴内，也存在如下一些问题：

第一，自由贸易所引发的国际市场上的竞争。中泰两国在经济上有很多的利益，但同时在某些产品方面也是竞争对手。两国同样为农业大国，一些农产品和基础工业产品相比之下，由于中国的成本低，价格低廉，比泰国同类产品在国际市场更有竞争力，可能会冲击到泰国同类产品的出口。

第二，双边贸易中存在着贸易不平衡问题。虽然长期以来，双方贸易处于增长的趋势，但比起美、日、台及新加坡等国家和地区，总额并不大，而且泰国多数年份处于逆差状态。据泰官方统计，1980年，泰国的贸易伙伴中，中国居第6位，1990年退居第10位，1994年只处于第13位。1990年中国对泰贸易额只有13.7亿美元，而新加坡对泰是41.71亿美元，我国台湾是21.02亿美元。1980—1990年间，中泰贸易中泰国有7年处于入超地位，数额达17.95亿美元；1990年泰国对中国的出口和进口的比例是1∶4.2；1989—1993年，泰国对中国的贸易每年入超5亿美元。其主要原因是泰方所需货物，中国可供应，而且质量达标、价格便宜，适合泰方进口。而中国随着农业的丰收，对粮食进口的需求减少，同时中国政府采取紧缩开支政策，与其他国家的交往增加，对泰贸易产生一定的影响。另外，由于泰国的产业结构转型也增加了对中国出产的原料、半制成品和机械设备的需求。如果泰中贸易不平衡问题长期得不到解决，不但贸易难以促进，而且有损于中泰经济友好合作和贸易互惠的基础。

第三，非法移民问题亟待解决。近几年，我国公民通过合法或非法途径进入泰国滞留不归的人数有增无减。截至1992年已增至15万人。来源地从广东、福建和云南等省份扩展到上海、安徽等省市。他们到泰国后，绝大多数无依无靠，只得充当廉价劳动力。少数人结成帮派，从事犯罪活动，扰乱泰国社会治安，已引起泰官方和社会舆论的关注，也引起泰政府和人民的不满和疑虑。

第四，开发湄公河流域所引起的问题。中国在湄公河上游的澜沧江修建了3座发电水电站，同时还计划增建5座发电站。这使居住在湄公河岸边的泰国人担心由于水库的蓄水而引发河流水量减少，水位降低，影响到湄公河流域的动植物生存和生态环境。此外为了疏通河道以便于航运和旅游而大量炸毁礁石，也会破坏到该河流的生态环境，影响当地居民的生活。中国应该与各方面协调解决这些问题，以免影响到两国的关系。

上述所有问题虽然没有严重到使中泰业已发展的良好关系发生逆转，但处理不好，一些小分歧会给中泰关系的发展带来不应有的负面影响。总而言之，中泰关系的现状与前景是令人乐观和充满信心的，虽然目前还存在一些问题，但比起成就来占极小份量，而且，早已引起双方的重视，并正在寻求解决办法。在世界经济逐步走向全球化和区域化的今天，中泰关系的巩固与发展，不仅对双方政治经济的发展有极大的促进作用，而且对整个东南亚、印支地区的稳定和经济发展将起到积极推动的作用。

参考文献

[1] 朱振明. 当代泰国[M]. 成都：四川人民出版社，1993.

[2] 李湛军，邵林铭. 泰国———一个充满微笑的国家[M]. 北京：科学普及出版社，1994.

[3] 季国兴. 东南亚概览[M]. 北京：中国社会科学出版社，1994.

[4] 余定邦，陈树森. 中泰关系史[M]. 北京：中华书局，2009.

[5] 中山大学东南亚研究所. 泰国史[M]. 广州：广东人民出版社，1996.

[6] 梁源灵. 泰国对外关系[M]. 南宁：广西人民出版社，1998.

[7] 谭国安. 导游泰国———中部[M]. 暹罗中文出版社有限公司，1999.

[8] 周方治. 泰国对华友好合作政策的动力与前景[J]. 当代亚太，2004（11）.

[9] 田禾，周方治. 泰国[M]. 北京：社会科学文献出版社，2005.

[10] 曹云华. 探究亚太秩序[M]. 北京：世界知识出版社，2002.

[11] 王文良，余亚克. 当代泰国经济[M]. 昆明：云南大学出版社，1997.

[12] 刘咸月，黄铮.2001－2002年东南亚发展报告[R]. 南宁:广西人民出版社，2002.

[13] 张锡缜. 当代东南亚政治[M]. 南宁：广西人民出版社，1995.

[14] 吴官琦，徐成龙，等. 东南亚农业地理[M]. 北京：商务印书馆，1993.

[15] สุภาพ บุญไชย. **ภูมิศาสตร์ประเทศไทย**. กรุงเทพฯ : สำนักพิมพ์โอเดียนสโตร์, 2548.

[16] ยุพดี เสตพรรณ. ภูมิศาสตร์การท่องเที่ยวไทย. ปทุมธานี: สถาบันราชภัฏเพชรบุรีวิทยาลงกรณ์ในพระบรมราชูปถัมภ์ค, 2543.

[17] เพ็ญศรี ดุ๊ก. การต่างประเทศกับเอกราชและอธิปไตยของไทย: ตั้งแต่สมัยรัชกาลที่ ๔ ถึงสิ้นสมัยจอมพล ป. พิบูลสงคราม. พิมพ์ครั้งที่ 2. ก

รุงเทพฯ: ราชบัณฑิตยสถาน, 2544.

[18] นราธิปพงศ์ประพันธ์, พระเจ้าวรวงศ์เธอ กรมหมื่น. ประวัติการทูตไทย. พระนคร: โรงพิมพ์พระจันทร์, 2501.

[19] สีดา สอนศรี. เอเชียตะวันออกเฉียงใต้: การเมืองการปกครองหลังสิ้นสงครามเย็น. พระนคร: คณะรัฐศาสตร์ มหาวิทยาลัยธรรมศาสตร์, 2546.

[20] ชาญวิทย์ เกษตรศิริ. อยุธยา: ประวัติศาสตร์และการเมือง. กรุงเทพฯ: มูลนิธิโครงการตำราสังคมศาสตร์และมนุษยศาสตร์, 2542.

[21] นิธิ เอียวศรีวงศ์. การเมืองไทยสมัยพระเจ้ากรุงธนบุรี. พิมพ์ครั้งที่ 8. กรุงเทพฯ : สำนักพิมพ์มติชน, 2548.

[22] ชาญวิทย์ เกษตรศิริ, กัณฐิกา ศรีอุดม. พระเจ้ากรุงสยามกับเซอร์เจห์นเบาว์ริง. กรุงเทพฯ: มูลนิธิโครงการตำราสังคมศาสตร์และมนุษยศาสตร์, 2548.

[23] สมชาย ภคภาสน์วิวัฒน์. การพัฒนาเศรษฐกิจและการเมืองไทย. พิมพ์ครั้งที่ 6.กรุงเทพฯ : โครงการจัดพิมพ์คบไฟ มูลนิธิเพื่อการศึกษาประชาธิปไตยและการพัฒนา, 2547.

[24] ศ. ไพฑูรย์ พงศะบุตร. หนังสือเรียนสังคมศึกษา ส ๑๐๑ ประเทศของเรา ๑ชั้นมัธยมศึกษาปีที่ ๑. กรุงเทพฯ: บริษัทสำนักพิมพ์ไทยวัฒนาพานิช จำกัด, 2537.

[25] มาตยา อิงคนารถ, ทวี ทองสว่าง. ประวัติศาสตร์ไทย. กรุงเทพฯ: สำนักพิมพ์โอเดียนสโตร์ ,2529.

[26] วารี อัมไพรวรรณ. รอบรู้ประเทศไทย. กรุงเทพฯ: บริษัทอักษราพิพัฒน์ จำกัด, 2540.

[27] ศิราพร ณ ถลาง, สุกัญญา ภัทราชัย. คติชนกับคนไทย-ไท. กรุงเทพฯ: โครงการตำราคณะอักษรศาสตร์ จุฬาลงกรณ์มหาวิทยาลัย, 2542.

[28] กรมศิลปากร. นานาสาระวัฒนธรรมไทย เล่ม ๒. พิมพ์ครั้งที่ 2 . กรุงเทพฯ: บริษัท กราฟฟิค พรีเพลศ ซิสเต็มส์ จำกัด, 2547.

[29] ชมรมคนชอบเที่ยวแห่งเมืองสยาม. เที่ยวไทยให้สนุก 76 จังหวัด. กรุงเ

ทพฯ: สำนักพิมพ์ กู๊ดมอร์นิ่ง, 2548.

[30] ทินพันธุ์ นาคะตะ. ประชาธิปไตยไทย. กรุงเทพฯ: โครงการเอกสารและต
ำรา คณะรัฐประศาสนศาสตร์ สถาบันบัณฑิตพัฒนบริหารศาสตร์, 2545.

[31] กรุณา พรหมประภัศร. สังคมศึกษา ม. 1. กรุงเทพฯ: สำนักงานบัณฑิ
ตแนะแนว, 2545.

[32] วีรนุช สรารัตนกุล. สังคมศึกษา ม. 2. กรุงเทพฯ: สำนักงานบัณฑิตแน
ะแนว, 2545.

[33] วีรนุช สรารัตนกุล. สังคมศึกษา ม. 3. กรุงเทพฯ: สำนักงานบัณฑิตแน
ะแนว, 2545.

[34] ณรงค์ พ่วงพิศ. ประวัติศาสตร์: การตั้งถิ่นฐานในดินแดนประเทศไทย.
กรุงเทพฯ: บริษัท อักษรเจริญทัศน์, 2533.

[35] กาญจนี ละอองศรี, อดิศร หมวกพิมาย. ประวัติศาสตร์การตั้งถิ่นฐานในดินแด
นประเทศไทย. พิมพ์ครั้งที่ 2. กรุงเทพฯ: องค์การค้าของคุรุสภา, 2542.

[36] กระมล ทองธรรมชาติ. ประเทศของเรา ๑-๒. พิมพ์ครั้งที่ 6. กรุงเทพ
ฯ: บริษัท อักษรเจริญทัศน์, 2533.

[37] ธนากิต. **ประเพณี พิธีมงคลและวันสำคัญของไทย**. พิมพ์ครั้งที่ 4.
กรุงเทพฯ : ปรามิด, 2543.

[38] วิทยากร เชียงกูล. เศรษฐกิจไทย ปัญหาและทางแก้. กรุงเทพฯ: สำนั
กพิมพ์สายธาร, 2548.

[39] ชูศักดิ์ จรุญสวัสดิ์. ระบบเศรษฐกิจและพัฒนาการเศรษฐกิจไทย. สงขล
า: คณะวิทยาการจัดการ มหาวิทยาลัยสงขลานครินทร์, 2540.

附录一　官方服务机构

中国驻泰国大使馆

地址：57 Rachadaphisek Road, Bangkok, 10400 Thailand

电话：02-245-0088

网址：http://www.chinaembassy.or.th/chn/

中国驻清迈总领事馆

地址：111 Changloh Road, Haiya District, Chiangmai, 50100 Thailand

电话：05-328-0380

中国驻宋卡总领事馆

地址：9 Sadao Road, Songkhla, 90110 Thailand

电话：07-432-2034，07-432-5045

泰国商业部（总部）

地址：44/100 Nonthaburi 1 Rd., Amphur Muang, Nonthaburi 11000

电话：02-507-8000

网址：www.moc.go.th

邮箱：webmaster@moc.go.th

泰国商业部外贸厅

地址：44/100 Nonthaburi 1 Rd., Amphur Muang, Nonthaburi 11000

电话：02-547-4771-86

网址：http://www.dft.go.th

邮箱：dftwebmaster@moc.go.th

泰国商业部内贸厅

地址：44/100 Nonthaburi 1 Rd., Amphur Muang, Nonthaburi 11000

电话：02-507-6111

网址：http://www.dit.go.th/

邮箱：dftwebmaster@moc.go.th

泰国商业部外贸谈判厅

地址：44/100 Nonthaburi 1 Rd., Amphur Muang, Nonthaburi 11000

电话：02-507-7444

网址：http://www.dtn.moc.go.th

邮箱：webmaster@dtn.go.th

泰国商业部知识产权厅

地址：44/100 Nonthaburi 1 Rd., Amphur Muang, Nonthaburi 11000

电话：02-547-4621-25

网址：http://www.ipthailand.go.th

邮箱：webmaster-eng@moc.go.th

泰国商业部出口促进厅

地址：44/100 Nonthaburi 1 Rd., Amphur Muang, Nonthaburi 11000

电话：02-507-7999/1169

网址：http://www.depthai.go.th/

邮箱：webmaster@depthai.go.th

泰国商业部商业发展厅

地址：44/100 Nonthaburi 1 Rd., Amphur Muang, Nonthaburi 11000

电话：02-547-4459/1570

网址：http://www.dbd.go.th

邮箱：webmaster@dbd.go.th

泰国财政部（总部）

地址：Rama 6 Rd. Phayathai, Bangkok, THAILAND 10400

电话：02-273-9021

网址：http://www2.mof.go.th/

泰国期货交易市场

地址：87/2, 15th Floor, CRC Tower, All Seasons Place,Wireless Rd.,
Lumpini, Pathumwan,Bangkok, 10330

电话：0-2263-9888, 0-2685-3355

网址：http://www2.mof.go.th/

邮箱：afet@afet.or.th

泰国投资委员会

地址：555 Vibhavadi-Rangsit Rd., Chatuchak, Bangkok 10900

电话：0-2553-8111

网址：http://www.boi.go.th

邮箱：head@boi.go.th

泰国旅游体育部

地址：4 Ratchadamnoen nok Road, Watsomanas, Pom Prap Sattru Phai,
Bangkok 10100

电话：0-2283-1500

网址：http://www.mots.go.th

泰国旅游局

地址：Rama I Rd., Pathumwan, Bangkok 10330

电话：0-2216-6906

网址：http://www.tourism.go.th/

邮箱：webmaster@tourism.go.th

泰国外交部

地址：Sri Ayudhya Road, Bangkok 10400 Thailand

电话：0-2643-5000

网址：http://www.mfa.go.th

邮箱：consular02@mfa.go.th

泰国农业与合作社部

地址：3 Ratchadamnoen Nok Road , Bangkok 10200

电话：02-281-5955

网址：http://www.moac.go.th

邮箱：webmaster@moac.go.th

泰国工业部

地址：Rama 6 Rd., Rajthavee Bangkok 10400

电话：02-202-3000

网址：www.industry.go.th

邮箱：info@industry.go.th

泰国教育部

地址：319 Wang Chan Kasim Thanon Ratchadamnoen Nok Dusit

电话：0-2628-7000

网址：http://www.moe.go.th

邮箱：website@emisc.moe.go.th

泰国海关总署

地址：1 Sunthornkosa Road, Klong Toey, Bangkok 10110

电话：02-667-7880-4

网址：http://www.customsclinic.org

邮箱：customs_clinic@customs.go.th

泰国税务局

地址：90 Soi Phaholyothin7, Phaholyothin Road, Bangkok 10400

电话：0-2272-8836, 0-2272-8851, 0-2272-8737

网址：http://tinreg.rd.go.th

附录二　泰国各大银行

泰国众地那钦银行（音译）（KIATNAKIN BANK）

总部：No.500,F/11,Amarin Tower,Ploenchit Road,Lumpini District,Bangk ok,Thailand

分部：No.209,K Tower,No.21,Sukhumvit Road,Klong Toey North District,Wattana Area,Bangkok,Thailand

电话：0066-2680-3333

网址：http://www.kiatnakin.co.th/th/index.php

泰京银行 （KRUNG THAI BANK）

总公司1号大厦：No.35,Sukhumvit Road,Klong Toey,Wattana Area,Bangkok

2号大厦：No.10,Sukhunmvit Road,KlongToey Area,Bangkok

电话：0066-2255-2222；0066-2208-7000，0066-2208-8000

网址：http://www.ktb.co.th

邮箱：complaint.center@ktb.co.th

曼谷银行 （BANGKOK BANK）

地址：333 Silom Road, Bangkok,Thailand

电话：0066-2231-4333

网址：www.bangkokbank.com

泰国农业银行 （KASIKORN BANK）

地址：No.1,Soi Rat Burana 27/1, Rat Burana Road, Rat Burana Sub-

District, Rat Burana District, Bangkok 10140, Thailand

电话：0066-2888-8800

网址：http://www.kasikornbank.com

泰国花旗银行（CITIBANK THAILAND）

地址：No.Sukhumvit Road, Interchange 21 Building Klongtoey Nua Sub-
district, Wattana District,Bangkok

电话：0066-2232-2484

网址：http://www.citibank.co.th

暹罗商业银行（SIAM COMMERCIAL BANK）

地址：No.9 Ratchadapisek Road,Jatujuk,Bangkok,Thailand,

电话：总公司 0066-2544-1000

业务中心 0066-2722-2222

网址：http://www.scb.co.th

泰国军人银行（TMB BANK）

地址：3000 Phaholyothin Road, Chompon, Chatuchak, Bangkok, Thailand

电话：0066-2299-1111

网址：http://www.tmbbank.com

泰国银行（BANKTHAI）

地址：No.4,Sathon Nuea Road,Bangrak District,Bangkok,Thailand

电话：0066-2638-8000

网址：www.bankthai.co.th

泰国中小型企业开发银行 （SME BANK）

地址：310 Phaholyothin Road, Samsen-Nai, Phayathai, Bangkok

电话：0066-2265-3000

网址：http://www.smebank.co.th

泰国农村合作社农业银行 （BANK FOR AGRICULTURE AND AGRICULTURAL CO-OPERATIVES）

地址：No.469 Nakhon Sawan Road, Dusit, Bangkok

电话：0066-2555-0555，0066-2280-0180

网址：http://www.baac.or.th/

大华银行 （UNITED OVERSEAS BANK）

地址：No.191,South Sathon Road, Bangkok, Thailand

电话：0066-2343-3000

网址：http://www.uob.co.th/

邮箱：webmaster@uob.co.th

泰国首都银行 （SIAM CITY BANK）

地址：1101 Newpetchburi Rd.,Rajthevi, Bangkok, Thailand.

电话：0066-2208-5000

网址：http://www.scib.co.th/

邮箱：scibweb@scib.co.th

国家储蓄银行 （GOVERNMENT SAVINGS BANK）

地址：No.470,Phaholyothin Road, Phayathai，Bangkok，Thailand

电话：0066-2299-8000

网址：http://www.gsb.or.th/

邮箱：news@gsb.or.th

政府住房银行 （GOVERNMENT HOUSING BANK）

地址：No.63,Rama IX Road, Huay Khwang, Bangkok,Thailand

电话：客服中心 0066–2645–9000

网址：http://www.ghb.co.th/th/

邮箱：crm@ghb.co.th

泰国进出口银行 （EXPORT–IMPORT BANK OF THAILAND）

地址：EXIM Building, 1193 Phaholyothin Road, Phayathai,Bangkok,Thailand

电话：0066–2271 2929

网址：http://www.exim.go.th

邮箱：info@exim.go.th

附录三　泰国各大保险公司

泰国保险委员会

地址：3354/2 Manorom Building, 10th Floor, Rama IV Road, Klongtoey, Bangkok 10110

电话：0-2671-7437, 0-2671-7440-1, 0-2671-7443

网址：www.tiins.com

邮箱：webmaster@tiins.com

泰国AXA保险公司

地址：23rd Fl., Lumpini Tower, 1168/67 Rama 4 Road, Sathorn, Bangkok 10120 Thailand

电话：02-679-7600

网址：http://www.axa.co.th

邮箱：axathai@axa-insurance.co.th

泰国发展保险公司

地址：No.34, Sukhumvit street 4, Klongtoey district, Klongtoey Area, Bangkok, Thailand 10110

电话：02-853-4141，02-253-4343，02-253-4646

网址：http://www.thaipat.co.th

邮箱：contact@thaipat.co.th

Sumret Dot Com 有限公司

地址：1148/203-4, Nakhonchaiyasiri Road, Nakhonchaiyasiri

District,Dusit Area,Bangkok,Thailang 10300

电话：0-2667-4601-4

网址：http://www.sumret.com

邮箱：webmaster@dtn.go.th

Deves 保险有限公司

地址：97,99 Deves Insurance Building, Ratchadamnoen-Klang Road,
Pranakorn District, Bangkok 10200

电话：0-2670-4444

网址：http://www.deves.co.th

邮箱：dvsins@deves.co.th

Isb 保险有限公司

地址：895/2,F/5,Moo 5,Srinakarin Road,Samrong North,Am-Per-Meuang
City,Samut Prakan Province,Thailand 10270

电话：02-757-1717, 02-757-2222

网址：http://www.isb.co.th/

邮箱：info@isb.co.th

泰国保险有限公司

地址：34/3 Siam Insurance Tower,Longsuan Street,Ploenchit Road,Lumbini
District,Pathumwan Area,Bangkok,Thailand 10330

电话：0-2613-0100

网址：http://www.thaiins.com

邮箱：tic@thaiins.com

曼谷人寿保险有限公司

地址：23/115–121 Royal City Avenue, Rama 9 Road , Huaykwang,

电话：0–2777–8403–05

网址：http://www.bla.co.th

邮箱：csc@bla.co.th

AYUDHYA 保险有限公司

地址：898 Ploenchit Tower 7th Floor, Ploenchit Rd., Bangkok 10330

电话：02–263–0345

网址：http://www.ayud.co.th

泰国商业保险公司

地址：2/4,F/12 Siam Samaggi Insurance Commercial Building, Wipawadirangsit
　　　Road, Thung Song Hong District, Laksi Area,Bangkok, Thailand 10210

电话：02–555–9100

网址：http://www.samaggi.co.th

泰国 QBE 保险有限公司

地址：15th Floor, U Chuliang Building 968 Rama IV Road, Silom,
Bangrak, Bangkok 10500

电话：（66）22380999

网址：http://www.qbe.co.th

邮箱：info.thai@qbe.com

泰国 SATETY 保险有限公司

地址：337,351,370 baht, comprising of 33,735,137 Ordinary Shares, Par
　　　Value Baht 10 Per Share

电话：0-2257-8000, 0-2254-8490

网址：http://www.safety.co.th

THAIVIVAT 保险有限公司

地址：71 Thaivivat Insurance Bldg. Dindaeng Rd., Samsen Nai, Phayathai,
Bangkok 10400

电话：0-2695-0800

网址：http://www.thaivivat.co.th

INDARA保险有限公司

地址：364/29, Ayuthaya Road, Phayathai District, Rajthevee Area, Bangkok,
Thailand 10400

电话：0-2247-9261

网址：http://www.indara.co.th

邮箱：contact@indara.co.th